감사 플러스
긍정 플러스

감사⁺ 플러스
긍정⁺ 플러스

Contents

✳'감사'는 선택사항이 아닙니다

　영국의 청교도들이 신앙의 자유를 위해 고국을 떠나기로 결심하고 1620년 9월, 영국 플리머스(Plymouth) 항구에서 돛배 메이플라워호를 타고 출항했습니다. 화물선이던 배를 타고 66일 동안의 항해로 천신만고 끝에 아메리카 대륙에 닿은 102명의 청교도들은 미국 건국의 아버지 '필그림 파더스'(순례시조, Pilgrim Fathers)로 불리게 되었습니다.

　새로운 땅에서의 첫 해는 추위와 질병으로 비록 절반 가까이 생명을 잃은 슬프고 힘겨운 혹독한 시간이었습니다. 하지만 이들은 그 상황 속에서도 일곱 가지의 감사조건을 찾아냈습니다.

　→ 180톤밖에 안 되는 작은 배이지만, 이 배를 주심에 감사.

　→ 평균시속 2마일로 항해했으나, 계속 전진할 수 있었음에 감사.

→ 항해 중 두 사람이 생명을 잃었으나, 한 아이가 태어남에 감사.

→ 폭풍을 만나 큰 돛이 부러졌으나, 파선하지 않았음에 감사.

→ 여자들이 심한 파도에 휩쓸렸으나, 모두 구출됨에 감사.

→ 인디언들의 방해로 한 달 동안 표류했지만,
   결국 호의적인 원주민이 사는 곳에 상륙할 수 있었음에 감사.

→ 고통스러운 3개월 반의 항해기간 동안 단 한사람도
   돌아가자는 사람이 없었음에 감사.

이들의 감사 내용을 보면, 그 나날들이 얼마나 고달픈 상황이었는지를 잘 알 수 있습니다. '감사'는 평온할 때보다 고난 중에 드려지는 감사가 진정한 감사요, 성숙한 그리스도인의 신앙고백이라 하겠습니다. 고난 중에도 좌절하지 않고 오직 하나님만을 의지하고, 하나님의 영광을 위해 헌신한 저들의 이 신실한 믿음, 이

순수한 감사의 내용은 우리에게 옷깃을 여미게 합니다.

우리의 감사가 한평생 감사, 영원한 감사로 나아가야 하는 이유는 거룩하시고 완전하신 하나님께서 흠이 많고 연약한 우리를 구원해 주셨을 뿐 아니라, 언제나 우리를 긍휼히 여겨 주시기 때문입니다. 하나님은 피조물인 우리의 체질을 아시고 우리가 단지 먼지뿐임을 기억하시기 때문에 언제나 우리를 붙들어 주시고, 인도해 주시고, 도와주십니다.

우리는 그 은혜와 긍휼에 대해 넘치는 감사로 나아가며, 우리가 받은 사랑을 이웃과 나눠야 합니다. 이웃에 대한 사랑과 용서, 섬김과 나눔을 실천하는 사람이 곧 진정한 감사의 삶을 사는 그리스도인입니다.

성경은 '감사'를 명령하고 있습니다. 그러므로 감사는 선택이 아니라 필수입니다.

항상 기뻐하라

쉬지 말고 기도하라

범사에 감사하라

이것이 그리스도 예수 안에서

너희를 향하신 하나님의 뜻이니라

(데살로니가전서 5장16-18절)

　작년에 이어 금년에도, 온갖 상황 속에서도 감사하는 사람들의 이야기를 엮을 수 있게 된 것은 저에게 또 하나의 감사조건입니다. 사단법인 아름다운동행이 벌이고 있는 '감사운동'이 온 땅에 널리 퍼져서 척박해진 사람들의 마음마다 감사의 DNA가 생성되어 삶에 본질적인 변화, 치유와 회복의 놀라운 역사가 일어나기를 바랍니다.

2014년 11월

엮은이 이영훈 목사

'오늘'이라는 시간을 주셔서 살아 있는 기쁨을 누리도록
허락하신 하나님께 감사하십시오.
선물로 받은 '오늘'을 기쁘게 사십시오.
지난 시간 동안 하나님께서
당신을 위해 하신 일들을 세어 보십시오.
그리고
앞으로 예비하신 일이 더 많음을 기대하며
하나님을 인정하고 또 감사하십시오.

주님과 함께 걷는 동행

새해,
감사로 '반올림'합시다!

절망적인 환경 속에 살던 인도의 아이들이 감사와 희망을 노래했을 때
놀라운 기적과 감사가 찾아왔습니다. 우리가 이미 받은 은혜를 감사로
'반올림'할 때 우리 안에서 시작된 선한 일들이 풍성히 열매를 맺습니다.

'바나나'라는 재미있는 이름을 갖고 있는 어린이 합창
단을 아십니까?

아프리카 케냐의 고르고쵸라는 쓰레기마을에 지라니 합창단을
만든 성악가 김재창 씨가 인도 푸네의 슬럼가 아이들을 모아 만
든 합창단이 바로 '바나나 어린이 합창단'입니다.

바나나는 힌디어로 '만들다, 변화시키다'라는 뜻을 갖고 있답니
다. 그리고 현재 그는 자신이 지은 합창단의 이름처럼 음악을 통
해 아이들을 변화시키고 있습니다.

처음 인도 푸네 지역을 방문했을 때, 그의 눈에 들어온 모습은
충격적이었습니다. 신분제도로 인해 그저 하루하루 무의미하게
살아가는 사람들을 보며 이곳이야말로 하나님께서 주신 '땅끝'이

라고 느꼈습니다.

그곳에 정착한 김재창 씨는 평균 열 두세살의 빈민가 아이들을 모아 합창연습을 시켰습니다. 하지만 학교를 다닌 적도, 음악 수업을 제대로 받아 본 적도 없는 아이들에게 합창을 가르치기란 여간 힘든 게 아니었습니다.

하지만 빈민가에서 아무런 꿈도 목표도 없이 살아가던 아이들은 여러 가지 환경적 어려움에도 불구하고 합창단에 들어오고 싶어 했습니다. 합창단의 아이들은 노래를 통해 믿음을 배우고, 감사를 배우고, 내일을 꿈꾸는 법을 배웠습니다. 그렇게 시작된 '바나나 어린이 합창단'은 2011년부터 세 차례 한국을 방문해 감동적인 공연을 했습니다.

최근 필리핀과 캄보디아 등 제3세계 빈민가 어린이들을 위해 제2, 제3의 '바나나 어린이 합창단'을 계획하고 있는 그는 이렇게 고백하고 있습니다.

"어린 아이들을 데리고 여러 나라 공항을 다니다 보면 해외 원정 인신매매범으로 오해받기도 합니다. 그래도 하나님이 저에게 주신 사명이기 때문에 행복합니다. 제가 목회자로 말씀을 가르치는 것은 아니지만 하나님이 주신 음악을 통해 세상을 '반올림'하고 싶습니다."

어떤 마음으로 새해를 준비하고 계십니까? 절망적인 환경 속에 살던 인도의 아이들이 감사와 희망을 노래했을 때 놀라운 기적과 감사가 찾아왔습니다. 우리가 이미 받은 은혜에 감사할 때 좋으신 하나님께서 우리 안에서 시작된 선한 일들을 풍성히 이루어 주실 것입니다.

하나님이 허락하신 시간과 환경을 방치하거나 깎아내리지 말고 '반올림'해 올립시다. 이것이 '감사 플러스 긍정 플러스' 인생입니다. 복된 인생으로 가는 지름길입니다.

감사의 생활을 실천하는 세 가지 방법이 있습니다.
첫째, 감사할 대상을 찾아 칭찬 또는 격려하는 마음을 전하는 것입니다.

둘째, 우리가 열망하는 좋은 일이 실제로 일어나기 전에 미리 감사하는 것입니다. 소망하던 일이 이미 일어난 것처럼 생각하며 감사하는 마음가짐 말입니다.

셋째, 우리에게 닥친 문제와 도전에 감사하는 것입니다. 역경을 극복하고 나면 내가 강해집니다. 문제 자체에 감사한 것이 아니라, 거기에서 생겨날 힘과 지혜를 기대하며 감사하는 것입니다.

나의 감사 찾기

_____

_____

_____

_____

_____

_____

_____

_____

_____

_____

시온의 자녀들아 너희는 너희 하나님 야훼로 말미암아 즐거워할지어다 그가 너희를 위하여 비를 내리시되 이른 비를 너희에게 적당하게 주시리니 이른 비와 늦은 비가 예전과 같을 것이라
(요엘 2장 23절)

당신은
생각보다 아름답습니다

자신이 생각했던 모습과 타인이 바라본 자신의 모습을 비교하여 살펴본 여성들은
감격의 눈물을 흘리기도 하고, 환한 미소를 지으며
자기 모습이, 자기가 생각하는 것보다 훨씬 아름다운 것을 깨닫게 됩니다.

작년 깐느 국제광고제에서 그랑프리를 수상한 도브 (Dove)의 '리얼 뷰티 스케치'(Real Beauty Sketches)의 캠페인을 본 적이 있습니다.

몽타주 전문가는 커튼을 사이에 두고 두 장의 그림을 그리게 됩니다. 첫 번째 그림은 실험에 참여한 여성이 자신의 외모에 대해서 자세히 설명하는 것을 들으며 그립니다. 두 번째 그림은 제3자가 그 여성의 외모에 대해 설명한 말을 듣고 그리게 됩니다.

마침내 인터뷰에 참여한 여성은 완성된 두개의 몽타주 앞에 서게 됩니다. 그리고 그림을 본 여성들은 두 번째 몽타주 스케치가 더 돋보인다고 평가합니다. 자신이 생각했던 모습과 타인이 바라본 자신의 모습을 비교하여 살펴본 여성들은 감격의 눈물을 흘리

기도 하고, 환한 미소를 지으며 자기 모습이 자신이 생각하는 것보다 훨씬 아름다운 것을 깨닫게 됩니다.

이 캠페인의 목적은 자신이 생각하는 것보다 훨씬 더 아름다운 사람으로 당신을 바라보고 있다는 점을 일깨워 주고, 낮은 자존감을 회복시켜 주어 수많은 사람들에게 용기를 줄 뿐 아니라 감동과 공감을 불러일으키기 위한 것입니다.

자신의 진정한 아름다움을 깨닫고, 새로운 삶을 살고 있는 사람이 있습니다. 그 주인공은 '미스 헤븐'(Miss heaven)이라 불리는 이효진 씨입니다. 세 살 때 얼굴과 왼손에 3도 화상을 입고, 파충류 괴물 같다고 놀리는 아이들 때문에 주눅이 들어 늘 땅만 보고 걸었고 환한 대낮에 다니기를 꺼려했습니다.

스무 살이 되면 수술을 받고 나을 수 있다는 엄마의 말을 믿고 힘든 시간을 견뎠지만, 대학 입학 후 의학적으로 수술이 불가능한 상태인 것을 알게 되자 하나님을 떠나 절망과 좌절로 자살을 시도하기도 했습니다. 외모 지상주의의 세상 풍조 속에 고통스러운 날들을 보내며 폭식증, 일중독, 드라마 중독에 빠져 우울하게 지냈습니다.

그러던 어느 날 누구보다 사랑했던 엄마의 갑작스런 죽음으로 다시 하나님께로 돌아갔습니다. 그녀는 성령님의 임재를 경험하며 "너는 내 나라의 홍보대사 '미스 헤븐'이 되어 이 땅에 도래한 하나님나라의 증인이 되라"는 뚜렷한 하나님의 음성을 들었습니다. '미스 헤븐'이라는 사랑의 호칭을 받게 되면서 그녀는 벅찬 기쁨을 맛보며 내면의 깊은 상처가 치유되고 완전히 새로운 삶을 살게 되었습니다.

유명한 복음 전도자였던 존 길모어 목사가 어느 날 작은 마을을 지나다가 주방용품을 팔고 있는 어느 노인과 이야기를 나누게 되었습니다.

"안녕하세요? 할아버지, 요즘 장사는 잘 되시는지요?"

"예, 그럭저럭 잘 됩니다."

"할아버지는 예수님을 믿으십니까?"

"물론 믿지요. 예수님을 믿고 구원받는다는 것은 정말 위대한 일인 것 같습니다."

"그래요. 그렇지만 그보다 더 위대한 일이 있습니다. 그건 나를 구원해 주신 그분과 동행하는 것이지요."

나의 감사 찾기
_____
_____
_____
_____
_____
_____
_____
_____
_____

고운 것도 거짓되고 아름다운 것도 헛되나 오직 야훼를 경외하는 여자는 칭찬을 받을 것이라
(잠언 31장 30절)

영화 '창 끝'에 담긴 감동실화

"그 젊은이들의 희생이 아니었다면 우리는 아직도 예수를 모른 채 그렇게 살고 있었을 것입니다. 그분들의 죽음으로 인해 우리들은 빛을 보게 되었습니다. 우리도 주님처럼, 그분들처럼 살기를 원합니다."

짐 해논이 감독한 영화 '창 끝'(End of the spear)이란 영화를 아십니까? 이 영화는 1956년 짐 엘리엇(28)을 비롯한 네잇 세인트(32), 피터 플레밍(27), 에드 맥컬리(28), 여데리안(31) 등 휘튼 칼리지를 졸업한 다섯 명의 젊은 선교사가 에콰도르 정글 속 '아우카' 인디언들에게 복음을 전하려다 그들이 던진 창에 찔려 모두 순교한 이야기입니다.

이 작품은 짐 엘리엇의 부인인 엘리자베스 엘리엇이 저술한 'Through gates of splendor'(영광의 문을 지나)라는 책을 영화화한 것입니다. 1957년 베스트셀러가 된 이래 25년간 출판됐으며, 1980년대 복음주의 대학생들의 필독서가 되기도 했습니다. '창 끝'은 이들이 순교한 지 50년 만인 2006년에 개봉되었습니다.

아우카 인디언들은 역사상 가장 잔인한 부족 중 하나입니다. 자신의 부족을 죽인 자는 끝까지 쫓아가 반드시 복수하며, 끊임없이 서로를 살육합니다. 그들에게는 '평화'란 단어조차 없었다고 합니다.

이들 다섯 명의 젊은 선교사들은 모두 아내를 남겨둔 채, 경비행기를 타고 단 한 사람의 기독교인도 없는 에콰도르의 아우카 인디언 마을로 떠났습니다. 그들 중 피터는 신혼여행도 포기하고 선교에 나섰습니다. 그들은 3개월 동안 음식과 의약품 등을 정성껏 담은 바구니를 보내고 그들의 언어로 만든 복음 테이프를 들려주는 등 만반의 준비를 했습니다. 하지만 부족 중 누군가 "이들이 우리 중 한 명을 납치, 살해했다"고 거짓 증언합니다. 그리고 다섯 선교사는 해변에서 죽음을 맞이하게 됩니다.

1956년 1월 8일, 피터 선교사는 아내에게 긴급무전을 쳤습니다. "흥분한 인디언들이 몰려오고 있어. 기도해 줘."라고 말한 후, 연락이 끊기고 말았습니다. 이튿날 구조대원과 가족들이 현장에 도착했을 때, 다섯 명의 선교사는 창에 찔린 채 싸늘한 시체로 변해 있었습니다.

20대의 선교사 부인들은 울부짖으며 다짐했습니다.

"남편들이 이루지 못한 사역을 우리가 계속하자!"

그런데 아우카 인디언들이 이해할 수 없었던 것이 있었습니다. 예전에 자신들을 찾아와서 무자비한 일을 자행했던 '외부인'에 대한 감정을 가지고 이들도 동일한 사람들이라 생각하고 거침없이 살해했는데, 이들은 공격을 받고도 도망하거나 저항하지 않았다는 것입니다. 심지어 선교사들의 주머니에는 권총이 들어 있었는데도, 그들은 자기네를 공격하는 인디언들에게 총을 사용하지 않고 죽음을 택했다는 것입니다. 아우카 부족을 총으로 죽일 수도 있었는데 죽이기는커녕 죽임 당하기를 선택한 그 선교사들을 이해할 수 없었습니다. 알 수 없는 그 이유가 그들의 의식을 괴롭혔습니다.

그로부터 2년 반이 지난 후 순교한 다섯 선교사의 아내들은 아직 어린 아이들을 안고 아우카 부족의 마을을 찾아갑니다. '우리 남편들이 못다 한 일들을 이제 우리들이 마저 해야 한다'는 다짐과 함께 말입니다. 남편을 죽인 원수에게 복수하기 위해서 찾아간 것이 아닙니다. 남편들이 복음을 전하기도 전에 순교했으니, 아직 복음을 듣지 못한 그들에게 그리스도의 복음을 전하고 사랑의 의술로 치료하며, 용서하는 법을 알려 주기 위해서입니다.

짐 엘리엇 부인 엘리자베스 엘리엇과 스티브 세인트의 누이 레이첼 세인트가 근처 마을에 머물며 아우카족 여인을 돌보고 있었습니다.

어느 날 아우카족의 추장 민카야니가 엘리엇 부인에게 물었습니다.

　"당신은 누구입니까? 도대체 우리를 위해 이토록 애쓰며 수고하는 이유가 무엇입니까?"

　"나는 5년 전에 당신들이 죽인 그 남자의 아내입니다. 그러나 하나님의 사랑 때문에 여기에 오게 되었습니다."

　그 추장은 너무나 큰 충격을 받았고, 드디어 이 여인들이 부족에 들어와 함께 살도록 초청했으며 그들이 복음 전하는 것을 허락하고 받아들였습니다. 후에 민카야니 추장은 빌리 그래함 전도집회에서 이렇게 간증했습니다.

　"우리들은 그분들에게서 복음을 듣고 하나님을 믿게 되었습니다. 그 젊은이들의 희생이 아니었다면 우리는 아직도 예수를 모른 채 그렇게 살고 있었을 것입니다. 그분들의 죽음으로 인해 우리들은 빛을 보게 되었습니다. 우리도 주님처럼, 그분들처럼 살기를 원합니다."

다섯 선교사들이 피살된 지 36년이 지난 1992년 6월 11일, 이곳 와오다니 우림지역의 외딴 마을 티네노네에서는 감격적인 신약성경 봉헌예배가 드려졌습니다. 75명의 와오다니 인디언 기독교인과 여러 명의 성경 번역선교사가 참석한 가운데 드려진 신약성경 봉헌 예배에서 와오다니어로 번역된 신약성경을 와오다니 기독교 지도자가 잔잔히 읽어 내려갔습니다. 선교사들을 살해한 다섯 명의 인디언들 모두가 예배에 참석했습니다. 이들 가운데 4명이 목사가 되었으며, 다른 한 명은 '아우카'에서 '와오다니'로 이름을 바꾼 부족교회의 장로가 되었습니다. 그 마을은 '복음의 땅'으로 변했습니다. 일천 명의 마을 주민들 모두가 그리스도인이 되었습니다. 짐 엘리엇과 동료들이 살해당한 지 수십 년이 지난 후 그들이 희생된 바로 그 부족 안에 수백 개의 교회가 탄생했으며, 엘리엇이 순교한 후 유복자로 태어난 아들이 그 마을 교회의 목사가 되었습니다.

영화 말미에, 세인트의 아버지를 죽인 민카야니 추장이 세인트와 함께 살해했던 현장으로 가서는 자신의 창을 건네며 자기를 죽여 달라고 간청합니다. 하지만 세인트는 거절합니다. 이를 계기로 세인트는 에콰도르에서 복음을 전하며 살기로 결심하게 됩니다. 또한 민카야니 추장도 선교사역을 위해 미국까지 여행을 오게 됩니다.

세인트는 "아무도 아버지의 목숨을 빼앗지 않았습니다. 아버지 자신이 내어준 것입니다. 우리의 목숨도 아버지처럼 늘 '창 끝'에 놓여 있었음을 알았습니다."라고 고백했습니다.

"나는 5년 전에 당신들이 죽인 그 남자의 아내입니다.

그러나 하나님의 사랑 때문에 여기에 오게 되었습니다."

그 추장은 너무나 큰 충격을 받았고,

드디어 이 여인들이 부족에 들어와 함께 살도록 초청했으며

그들이 복음 전하는 것을 허락하고 받아들였습니다.

존 프라이스는 '미완성 비유'란 제목으로 이런 글을 썼습니다.

"한 남자가 결혼했습니다. 그는 신혼여행이 끝나자마자 사라졌습니다. 몇 달 후 갑자기 나타난 남자를 보고 신부는 몹시 화를 냈습니다. 남자가 말했습니다. '왜 화를 내오? 내가 분명히 결혼했고, 분명히 사랑한다고 말했고, 매주 수표를 보냈는데 무엇이 더 필요하오?'

한 아이가 학교에 입학했습니다. 그 아이는 입학식 다음 날부터 학교에 나타나지 않았습니다. 가정 방문을 한 교사에게 어머니가 말했습니다. '우리 애는 집에 있으나 학교에 가나, 학자가 될 것입니다. 날마다 뒤뜰에서 자연 관찰을 하며 공부하고 있으니까요.'

한 청년이 군대에 들어갔습니다. 충성 서약을 마친 후, 그 청년은 사라져 버렸습니다. 헌병에게 체포되었을 때 청년은 말했습니다. '열다섯 살부터 총을 쏘아 왔다구요. 전쟁이 나면 나를 부르십시오. 당신들보다 나을 테니까.'

어떤 사람이 예수를 믿기로 했습니다. ……."

글은 여기서 끝나고 있습니다. 이 미완성 비유는 각자가 써 보라는 뜻으로 미완성으로 끝낸 것입니다. 여러분은 그 뒤에 무엇이라고 쓰시겠습니까?

나의 감사 찾기

_____

_____

_____

_____

_____

_____

너희도 우리를 위하여 간구함으로 도우라 이는 우리가 많은 사람의 기도로 얻은 은사로 말미암아 많은 사람이 우리를 위하여 감사하게 하려 함이라
(고린도후서 1장 11절)

위대한 작품 '벤허'에
얽힌 이야기

월리스는 예수님의 신성에 대한 확실성에 더 이상 대항할 수가 없었습니다.
하나님을 믿는 것이 속박이고 멍에인 줄 알았던 그가
예수 그리스도를 만나고 나서야 진정한 자유와 해방을 깨닫게 된 것입니다.

'벤허'(Ben-Hur)란 영화는 윌리엄 와일러 감독의 1959년 작품으로, 미국의 작가 루 월리스의 1880년 작 동명소설 '벤허'(Ben-Hur: A Tale of the Christ)를 원작으로 하여 제작되었습니다. 제32회 아카데미상 시상식에서 무려 11개 부문에서 수상했으며, 원작 소설에도 나오는 멧살라와 벤허의 치열한 전차 경기장면은 영화사에 길이 빛나는 명장면으로 꼽히고 있습니다.

'벤허'는 고대 로마시대에 살았던 한 유대인 청년의 파란만장한 삶을 통해 하나님의 섭리를 그린 작품입니다. 영화감독 윌리엄 와일러는 이 작품을 만들기 위해 당시로서는 천문학적 제작비인 1,500만 달러를 투입했습니다. 제작기간도 10년이 걸렸으며, 10

만여 명의 출연진에 지구를 한 바퀴 돌고도 남을 정도의 필름을 소모했다고 합니다. 하이라이트인 15분간의 전차 경주 장면을 위해서는 15,000여명이 4개월간 연습했다는 전설적인 기록도 있습니다.

이 영화의 원작자인 루 월리스는 남북전쟁의 영웅으로 터키 대사와 뉴멕시코 주지사를 지낸 바 있는 유명한 장군이면서 문학의 천재였다고 합니다. 월리스는 철저한 무신론자로 기독교에 적대적인 감정을 품고 있었습니다. 사람들이 기독교의 굴레에 묶여 자유롭게 살지 못하는 것이 불쌍하다고 생각했습니다. 친구인 무신론자 로버트 잉거솔과 함께, 허구의 기독교를 영원히 없애 버릴 책을 써서 인류를 그리스도에게 매어 있는 굴레로부터 벗겨 주기로 다짐했습니다.

월리스는 유럽과 미국의 유명한 도서관을 돌아다니며 자료를 수집하고 연구했습니다. 또한 성경에서 수없이 많은 거짓과 오류가 쏟아져 나올 것을 기대하며 창세기부터 읽어 나갔습니다. 하지만 구약 성경을 거의 다 읽었는데도 오류는 발견되지 않았습니다. 그는 신약 성경을 펼쳐 마태복음부터 읽기 시작했습니다. 인류의 죄를 담당하기 위해 아무런 죄가 없으신 예수님이 참혹한 십자가를 지는 장면에 와서, 그는 무릎을 꿇고 말았습니다.

"예수님, 진정 예수님은 하나님의 아들이십니다. 당신은 나의 왕, 나의 하나님이십니다. 그 크신 은혜와 사랑에 감사합니다."

월리스는 예수님의 신성에 대한 확실성에 더 이상 대항할 수가 없었습니다. 하나님을 믿는 것이 속박이고 멍에인 줄 알았던 그가 예수 그리스도를 만나고 나서야 진정한 자유와 해방을 깨닫게 된 것입니다.

그는 이 사건이 있은 2주 후에 소설 '벤허'를 쓰기 시작했습니다. 부제는 '그리스도의 이야기'(A tale of the Christ)입니다. 이 소설은 1880년 출판과 동시에 200만부가 팔리는 베스트셀러가 되었고, 여러 차례 연극과 영화화 되어 인기를 끌었습니다. 또한 예수님의 생애를 다룬 저술 가운데 가장 위대한 소설로 남아 있게 되었습니다.

월리스가 불후의 명작을 쓸 수 있었던 것은 진리 앞에 무릎을 꿇을 줄 아는 겸손하고 진실한 자세 때문입니다. 이것이 거룩한 기쁨과 감사를 낳은 것입니다.

감사⁺ 플러스
긍정⁺ 플러스

이층집에 불이 났습니다. 부모와 아이들이 서둘러 집을 빠져나오다가 겁에 질린 막내가 엄마 손을 뿌리치고 2층으로 뛰어 올라갔습니다. 잠시 후, 아이는 연기가 가득 찬 창문 밖으로 얼굴을 내밀더니 미친 듯이 울어댔습니다.

밖에 나와 있던 아이의 아버지가 "얘야, 내가 잡을 테니 뛰어내려라. 뛰어내려!"라고 외쳤습니다. 그러자 아이는 "하지만 아빠, 아빠가 안 보여요."라고 소리쳤습니다.

이때 아이의 아버지는 "안다. 나도 알아. 하지만 나는 네가 보인다!"라고 외쳤습니다. 우리는 하나님이 안 보여도 그분은 우리를 다 보고 계십니다.

나의 감사 찾기

_____

_____

_____

_____

_____

_____

_____

_____

_____

_____

주께서 생명의 길을 내게 보이시리니 주의 앞에는 충만한 기쁨이 있고 주의 오른쪽에는 영원한 즐거움이 있나이다

(시편 16편 11절)

스텐버그 작품
'십자가에 달리신 그리스도'

"나는 너를 위하여 모든 것을 하였다. 그러나 너는 나를 위하여 무엇을 하느냐?"

독일의 화가 스텐버그가 그린 명화 '십자가에 달리신 그리스도'라는 작품이 나오게 된 뒷이야기가 큰 감동을 줍니다.

제롬 대성당 위고 신부가 화가 스텐버그에게 십자가에 달리신 예수를 그려 달라는 부탁을 했습니다. 그림이 거의 완성될 즈음에, 스텐버그는 그림값을 흥정하기 위한 속셈으로 그림 그리기를 중단했습니다.

그리고 집시소녀인 페피타를 모델로 삼아 스페인의 무녀를 그리기 시작했습니다. 어느 날 페피타가 화실에 있던 십자가에 달리신 예수상을 보고, 이것이 무슨 그림이냐고 물었습니다. 그는 너무나 흔한 성경 이야기를 하는 것이 시간 낭비라고 생각했지만,

32 감사⁺ 플러스
    긍정⁺ 플러스

소녀의 간청에 못 이겨 점심시간을 이용해 성경이야기를 들려주었습니다.

"모든 인간의 죄를 대속하기 위해 십자가를 지신 예수님의 모습이야."

집시소녀는 감동을 받고 이렇게 말했습니다.

"그렇다면 우리를 사랑하기 때문에 대신 죽으셨다는 이 훌륭한 사람을 선생님은 무척 사랑하고 있겠군요?"

그는 별 의미 없이 '암 그렇고말고' 고개를 끄덕거리다가 곧 양심에 가책을 받았습니다. 그 소녀의 말이 귓가에서 하루 종일 떠나지 않았습니다.

그래서 그는 성경을 읽기 시작했습니다. 그리고 그리스도의 사랑을 깨닫고 예수님의 십자가 앞에서 회개의 뜨거운 눈물을 흘리게 되었습니다. 그는 그동안 작업하던 일을 멈추고, 다시 십자가에 달리신 예수 그리스도의 그림에 몰두하여 완성했습니다. 그리고 그 그림 아래 '스텐버그의 십자가'로 제목을 붙이고 이렇게 기록했습니다.

"나는 너를 위하여 이 모든 것을 하였다. 그러나 너는 나를 위하여 무엇을 하느냐?"

후에 니콜라우스 진젠도르프 백작이 뒤셀도르프의 미술관에 전시되어 있는 스텐버그의 '십자가에 달리신 그리스도' 그림과 그 아래에 기록된 "나는 너희를 위하여 이 모든 것을 하였다. 그러나 너는 나를 위하여 무엇을 하느냐?"는 글을 보고 큰 감동을 받았습니다. 그는 "나는 오랫동안 그분을 사랑해 왔지만 그분을 위해서 한 일은 없다. 지금부터 나는 그분이 인도하는 대로 모든 일을 할 것이다"라고 결심했습니다. 진젠도르프 백작은 자신의 전 재산을 바쳐, 기독교 역사에 길이 남을 모라비안 기도운동과 '주님의 특별한 보호처'란 이름의 '헤른후트' 공동체를 만드는데 크게 기여했습니다. 그들은 24시간 매일 매일 끊이지 않는 기도운동을 100년 동안이나 지속했습니다. 그리고 모라비안 기도운동은 감리교의 창설자 웨슬리를 회심하게 했습니다. 그는 폭풍우치는 배 안에서도 평온을 잃지 않고 찬송하는 모라비안의 뜨거운 신앙과 선교열정에 감동을 받아 진정한 그리스도인이 되었던 것입니다.

감사한다고 당장 환경이 바뀌는 것은 아닙니다. 그러나 감사할 때, 우리 자신이 바뀝니다. 우리 마음이 풍요로워지며, 인생을 보는 시각과 깊이가 달라지는 것입니다.

랠프 턴불 목사의 저서 '하나뿐인 교회'에는 이런 이야기가 있습니다.

턴불 목사가 심한 신경통으로 고통 중에 누워 있는 할머니 교우를 심방했습니다.

"얼마나 고생하십니까?"하고 문안하자, 할머니는 손바닥을 펴 보이며 말했습니다. "이 손에 못이 박힌 것은 아닙니다. 내 마음은 평안합니다."

또 머리를 가리키며 말했습니다. "이 머리에 가시가 박히지도 않았습니다. 예수님을 생각하면 감사할 따름입니다."

다시 옆구리를 가리키며 말했습니다. "내 옆구리는 창에 찔리지도 않았습니다. 예수님이 나와 함께 계시니 목사님, 염려하지 마십시오."

나의 감사 찾기 _____

_____

_____

_____

_____

_____

_____

_____

_____

_____

_____

주께서 심지가 견고한 자를 평강하고 평강하도록 지키시리니 이는 그가 주를 신뢰함이니이다
(이사야 26장 3절)

아낌없이 주는 나무의
행복

'애야, 미안하다. 이제는 너에게 줄 것이 아무것도 없구나.
사과도 없고, 가지도 없고, 줄기마저 없어. 나에게 남은 거라곤 이 나무 밑동 뿐이란다.'

옛날에 한 언덕에 사과나무가 한 그루 있었습니다. 그
나무에게는 사랑하는 소년이 있었습니다. 매일같이
그 소년은 나무에게로 와서 떨어지는 나뭇잎을 한 잎 두 잎 주워
모았습니다. 그리고는 그 나뭇잎으로 왕관을 만들어 쓰고 숲속의
왕자 노릇을 했습니다. 소년은 나무줄기를 타고 올라가서는 나뭇
가지에 매달려 그네도 타고, 사과도 따먹곤 했습니다. 때로는 숨
바꼭질도 했지요. 그러다가 피곤해지면 소년은 나무 그늘에서 단
잠을 자기도 했습니다. 소년은 나무를 무척 사랑했고 나무도 소
년을 너무나 사랑했기 때문에 소년과 함께 지내는 시간이 무척이
나 행복했습니다.

　시간이 흘러 소년도 점점 나이가 들어갔습니다. 그러면서 나무

는 홀로 있을 때가 많아졌습니다. 그러던 어느 날 소년이 나무를 찾아와 말했습니다. '난 이제 나무에 올라가 놀기에는 다 커 버렸는걸. 난 물건을 사고 싶고 신나게 놀고 싶단 말이야. 나는 돈이 필요해. 내게 돈을 좀 줄 수 없겠어?'

그 말을 들은 나무가 소년에게 말했습니다. '미안하지만 내겐 돈이 없지만 맛있는 사과가 주렁주렁 달려 있잖아. 이걸 따다가 도회지에 가서 팔면 어때?' 소년은 나무의 말을 듣자마자 나무 위로 올라가 사과를 따 가지고 도회지로 가 버렸습니다. 그래도 나무는 행복했습니다. 자기의 몸에서 사과들이 다 떨어져 나갔지만 그로 말미암아 자기가 사랑하는 소년이 행복해졌기 때문에 나무도 행복했습니다.

그렇게 떠나간 소년은 오랜 세월이 지나도록 돌아오지 않았습니다. 나무는 소년이 너무나 보고 싶었습니다. 그러던 어느 날 소년이 돌아왔습니다. 소년은 시무룩하게 나무에게 말을 했습니다. 아내와 어린애들을 위해 집이 필요하다고 했습니다. 나무는 자기의 가지를 베어 집을 지으라고 했고, 소년은 나무의 가지들을 베어서 자기의 집을 지으러 갔습니다. 그래도 나무는 행복했습니다. 그렇게 떠나간 소년은 또다시 오랜 세월이 지나도록 돌아오지 않았습니다.

그러던 어느 날 소년이 돌아오자 나무는 하도 기뻐서 거의 말을 할 수가 없었습니다. 나무는 그 소년이 예전처럼 자기와 함께 시

간을 보내 줄 것을 기대하고 있었습니다. 그런데 그 소년은 말했습니다.

'난 너무 나이가 들고 비참해서 너와 놀 수가 없어. 난 여기를 떠나야 해. 난 여기로부터 나를 먼 곳으로 데려 갈 배 한 척이 필요한데 배를 구할 방법이 없어.'

나무는 가지가 다 잘려나간 상태에서 자기의 몸통까지 소년에게 내어 주었습니다. 소년은 그 나무로 배를 만들어 먼 곳으로 떠났습니다. 밑동만 남은 나무였지만 그래도 자기가 사랑하는 소년이 행복했기에 나무는 행복했습니다.

그리고 오랜 세월이 지난 뒤에 소년이 다시 돌아왔습니다. 나무는 너무 기뻐 눈물을 흘렸습니다. 그런데 그 소년은 또다시 시무룩한 표정으로 나무를 바라보았습니다. 나무는 속으로 생각했습니다. '얘야, 미안하다, 이제는 너에게 줄 것이 아무것도 없구나. 사과도 없고, 가지도 없고, 줄기마저 없어, 나에게 남은 거라곤 이 나무 밑동 뿐이란다.'

소년이 말했습니다. '이제 내게 필요한 건 별로 없어. 난 너무 늙고 힘이 없어. 지금 나에게 필요한 건 그저 앉아서 조용히 쉴 수 있는 곳이야. 난 몹시 피곤해.'

나무의 표정이 밝아졌습니다. '아, 그래? 자, 앉아서 쉬기에는 늙은 나무 밑동이 그만이야. 친구야, 이리로 와서 앉으렴. 거기 앉아서 쉬도록 해.'

소년은 시키는 대로 했습니다. 그래서 나무는 행복했습니다.

1964년 미국에서 처음 출간된 후로 50년이 넘는 동안 전세계에서 베스트셀러로 사랑받고 있는 창작동화 '아낌없이 주는 나무' 이야기입니다. 자신의 모든 것을 다 내어 주면서도 사랑하는 소년이 행복해 하는 모습을 보면서, 자신도 행복해하는 나무의 이야기가 감동적입니다. 끊임없이 퍼내도 마르지 않을 부모님의 사랑과도 닮은 참사랑을 만날 수 있기 때문일 것입니다.

이 동화는 성경의 '돌아온 탕자 이야기'와도 상당히 닮았습니다. 자신의 유산을 다 받아 챙겨서 외국으로 나가 재산을 탕진한 후에 거지의 모습으로 돌아온 탕자에게, 상속자의 상징인 가락지를 끼워 주고 좋은 옷을 입힌 후에 큰 잔치를 베풀어 주신 그 아버지의 사랑이 바로 아낌없이 주는 나무의 헌신적 사랑을 생각나게 합니다.

감사⁺ 플러스
긍정⁺ 플러스

미국의 백화점 왕 J. C. Penny의 일화 한 토막입니다.

콜로라도에서 정육점을 할 때, 호텔 주방장의 계속적인 뇌물 요구를 단호히 거절했습니다.

"뇌물을 주면 손해 보는 쪽은 고객이다. 뇌물을 준 만큼 질 나쁜 고기를 납품할 수밖에 없다. 이것이 나의 경영철학이다."

결국 호텔 주방장이 고기납품을 받아 주지 않아 Penny는 정육점 문을 닫고 말았습니다.

하나님 앞에서 정직했던 그의 실패는 전화위복이 되었습니다.

다시 구멍가게를 시작했는데, 가게 앞에 "너희는 먼저 그의 나라와 그의 의를 구하라"라는 성구를 붙였습니다.

페니는 신행일치의 삶으로 신뢰를 얻었습니다. 가게가 커지고 분점을 내기 시작했고, 마침내, 미국 전역에 J. C. Penny라는 1,660개의 백화점이 세워졌습니다.

나의 감사 찾기

_____

_____

_____

_____

_____

_____

_____

무릇 네게 구하는 자에게 주며 네 것을 가져가는 자에게 다시 달라지 말며 남에게 대접을 받고자 하는 대로 너희도 남을 대접하라
(누가복음 6장 30~31절)

그분은
예수 그리스도!

2000년도 넘는 시간이 지나갔지만, 지금도 그는 우리 세계의 중심인물로
자리 잡고 있습니다. 그는 인간 변화에 있어서 결정적인 요인입니다.
이 세상의 모든 권력을 다 합쳐도 이분만큼 사람들 삶을 바꾼 것은 없었습니다.

호세 곤잘레스 하우스는 '전환과 복종을 위하여 나사렛 예수를 기억하다'란 책에서 예수 그리스도를 이렇게 소개하고 있습니다. 정말 공감되는 내용입니다.

"그는 어느 작은 농촌마을에서 태어났습니다. 그는 또 다른 마을에서 자라면서 30세가 될 때까지 목수로 일했습니다. 그러고 나서 3년 동안 방랑하는 설교자가 되었습니다.

그는 결코 책을 쓴 적이 없습니다. 어떤 일을 위해 사무실을 가져 본 적도 없습니다. 결코 가족이나 가정도 갖지 않았습니다. 대학을 다닌 것도 아닙니다. 태어난 곳에서 300km 밖으로 여행한 적도 없었습니다. 어떤 엄청난 것을 성취한 적도 없었습니다.

여론이 그에게서 등을 돌렸을 때, 그는 겨우 서른세 살이었습니다. 그의 친구들도 그를 버렸습니다. 그는 적들의 손에 넘겨졌고 그들은 재판에서 그를 조롱했습니다. 그는 두 도둑과 함께 그들 가운데 십자가에 못 박혔습니다. 그가 하나님께 왜 자기를 버렸느냐고 물으면서 고통에 휩싸여 있을 때, 그를 고문한 자들은 유일한 소유물인 그의 옷을 놓고 제비를 뽑고 있었습니다. 그가 죽었을 때 한 친구가 묘를 빌려서 그곳에 그를 매장했습니다.

2000년도 넘는 시간이 지나갔지만, 지금도 그는 우리 세계의 중심인물로 자리 잡고 있습니다. 그는 인간 변화에 있어서 결정적인 요인입니다.

행진해 갔던 그 어떤 군대도,

항해했던 그 어떤 해군도,

회의를 했던 그 어떤 국회도,

지배했던 그 어떤 왕도,

이 모든 권력을 다 합쳐도 그의 이 고독한 삶만큼

지상에 존재하는 사람들의 삶을 바꾼 것은 없었습니다.”

그분의 이름은 예수 그리스도입니다.

그분은 단 한순간도 자신을 위해 살지 않았습니다. 능력이 없던 것도 아닙니다. 돌로 떡을 만들 수도 있었고, 높은 성전에서 뛰어내리면 하늘의 천사들이 수종을 들러 내려와 그분의 발을 받쳐야 하는 권능자이셨습니다. 그런데 하나님은 그렇게 자기부인의 삶을 살다가 십자가에서 쓸쓸히 죽어 간 그분을 승리자라, 왕이라 칭하십니다.

하나님은 당신의 아들이신 예수 그리스도를 죽여 그 피를 우리 죄의 대가로 삼으셨습니다. 그리고 우리를 당신의 자녀로 삼고 영원한 생명을 주셨습니다. 이래도 감사하지 못하겠습니까?

미국 시카고 시내에 위치한 템플 교회는 일명 노인교회였습니다. 그런데 하루는 교회 앞에 엄청나게 많은 사람들이 몰려들었습니다.

템플교회는 고딕 양식으로 지어진 교회입니다. 그래서 1년에 한 번씩 십자가를 청소하기 위해서는 높은 첨탑에 직접 올라가야 합니다. 교회 주변을 오고가는 사람들은 바로 첨탑에 매달려 청소하는 사람을 쳐다보는 것이었습니다. 청소를 마치고 내려온 청소부가 목사님에게 질문했습니다.

"왜 이렇게 많은 사람들이 모여 있는 거죠?"

"빈 십자가는 아무도 쳐다보지 않지만, 사람이 달린 십자가는 많은 사람이 주목합니다"라고 목사님은 대답했습니다.

나의 감사 찾기

_____

_____

_____

_____

_____

_____

_____

_____

_____

_____

우리를 비천한 가운데에서도 기억해 주신 이에게 감사하라 그 인자하심이 영원함이로다
(시편 136편 23절)

45
1부 주님과 함께 걷는 동행

불행 중 찾아온
'감사'의 기적

사중 불행 속에서 그녀는 하나님께 감사하고 또 감사했습니다.
감사할 수 없다고 생각될 때도 마음에 감사를 심었습니다.
그런데 놀라운 일이 벌어졌습니다.

'모자에 제라늄 꽃을 꽂고 행복하게 살아라'(Stick a Geranium in your hat and be happy!)라는 책이 있습니다. 미국에서 50만부 이상이 팔린 베스트셀러입니다. 이 책의 저자인 바바라 존슨은 남편과 네 명의 아들을 둔 평범한 가정주부였습니다.

그런데 그녀의 가정에 불행이 한꺼번에 닥쳐왔습니다. 직장에서 집으로 귀가하던 남편이 교통사고를 당해 식물인간이 되고 말았습니다. 첫째 아들은 음주 운전자가 몰던 트럭에 의해 목숨을 잃었습니다. 설상가상으로 둘째 아들은 동성애에 빠져 집을 나간 후 소식이 끊겼습니다. 셋째 아들은 베트남 전쟁에 파병되었다가 18세의 어린 나이에 전사했습니다.

그녀는 연속되는 불행에 몸서리치며 눈물을 흘렸습니다. 하나님께 기도를 할 엄두도 나지 않았습니다. "하나님, 어찌하여 내게는 불행만 다가옵니까?"라고 반문하며 하나님을 원망하고 자신의 처지를 비관하며 살았습니다. 하루하루가 비참하고 고통의 연속이었습니다.

그러던 어느 날 그녀는 자신을 문득 돌아보았습니다. 마음을 추스르고 "내가 이렇게 살아서는 안 되지. 더 이상 비관적으로 살아서는 안 되겠다. 이제부터 긍정적인 삶을 살자"고 결심하게 되었습니다.

사중 불행 속에서 그녀는 하나님께 감사하고 또 감사했습니다. 감사할 수 없다고 생각 될 때도 마음에 감사를 심었습니다.

그런데 놀라운 일이 벌어졌습니다. 식물인간이었던 남편이 기적처럼 다시 일어난 것입니다. 그녀는 하나님의 은혜에 더욱 감사하며 '하나님께서 내게 생명을 주셨으니 나도 뭔가 좋은 일을 해야겠다'고 결심하고, 자신보다 더 불행한 사람들을 돕기 위해 나섰습니다.

당시 미국에는 베트남 전쟁에서 전사한 병사들의 숫자가 50만 명이 넘었습니다. 그녀는 아들을 전쟁에서 잃은 사람들을 찾아다니며 "아들이 죽었다고 낙심하지 마십시오. 국가를 위해 큰일을 한 것입니다."라고 위로했습니다. 그리고 교통사고로 자식을 잃은 부모들에게도 편지를 쓰고 전화로 위로했습니다. 이들을 모아 함께 기도하고 그들을 위한 세미나도 개최했습니다. 뿐만 아니라 이들을 도와주는 모임을 만들고 선교회도 조직했습니다.

드디어 그녀는 유명한 여성계의 지도자가 되어 재난을 당한 사람들에게 위로와 용기와 희망을 주는 엄청난 영향력을 발휘하기 시작했습니다. 훗날 동성애로 집을 나갔던 둘째 아들도 돌아왔습니다.

만일 그녀가 계속해서 절망하고 불평하는 인생을 살았다면 어떻게 되었을까요? 아마 비참한 생활을 결코 멈추지 못했을 것입니다. 그러나 그녀가 절망적인 상황 속에서도 하나님을 바라보며 감사하는 생활로 돌아섰을 때, 그녀의 인생은 새로워졌습니다. 어떠한 상황 속에서도 감사하십시오. 여러분의 인생도 새롭게 바뀔 것입니다.

서울 마포구 합정동에 '양화진'이라는 곳이 있습니다. 우리 조선 땅에 복음을 전하러 왔던 선교사들의 묘지가 있는 곳입니다. 그들은 왜 미개한 조선 땅에 와서 전염병으로, 과로로, 때로는 핍박의 칼에 목숨을 던지며 예수 그리스도를 전했을까요?

억만장자의 아들이었으며, '영국의 가장 위대한 크리켓 선수'로 격찬을 받았던 캠브리지대 출신의 스터드(C. T. Studd)가 자신의 모든 재산을 헌납하고 중국과 인도로, 아프리카로 선교를 떠난 것을 기억하십니까? 예일대 출신의 미국 갑부 윌리암 보이든이 모든 재산을 다 털어 기증을 하고 이집트에 가서 평생 복음을 전하며 산 것을 아십니까?

이 세상의 기준으로 보면, 이들은 미친 사람들일 것입니다. 그러나 정말 그렇습니까?

나의 감사 찾기

하나님께서 지으신 모든 것이 선하매 감사함으로 받으면 버릴 것이 없나니

(디모데전서 4장 4절)

효은이 엄마의
절절한 감사

삼중 불행 속에서 그녀는 하나님께 감사하고 또 감사했습니다.
감사할 수 없다고 생각 될 때도 마음에 감사를 심었습니다.
그런데 놀라운 일이 벌어졌습니다.

‘아름다운 동행’ 신문에 ‘엄마의 일기-효은이 이야기’
라는 코너가 있었습니다. 2012년 12월부터 1년 여,
자폐성 장애를 가진 효은이의 엄마가 일기 형식으로 쓴 연재물입
니다. 안타깝고 눈시울이 붉어지기도 하지만, 대견하고 사랑스러
워 웃음을 머금게도 하는 아름다운 이야기들입니다.

2013년 12월 1일자 신문에 마지막 회가 실렸는데, 감동을 나누
고 싶어 여기 소개합니다.

효은이가 입술을 동그랗게 하고 얼굴을 찡그리며 숨을 고릅니
다. 숨쉬기가 힘든 가 봅니다. 답답한지 가슴께를 손으로 두드리
기도 합니다. 영화 속에서나 보던 생소한 질병, 천식이 효은이 가

슴에 얹힌 탓입니다.

추수감사예배를 마치고 집에 가는 길. 뒷자리에 앉은 효은이 기침소리에 마음이 무겁습니다. 남편은 운전을 하며 효은이 기침 소리가 들릴 때마다 "효은이 어떡해!"를 연발했습니다. 나중엔 효은이가 그 말을 따라서, 자기가 기침하고 스스로 "효은이 어떡해!" 합니다. 정말 효은이를 어떻게 해야 할까요. 발달장애만으로도 충분히 버거운데, 왜 하필 완치가 어렵다는 천식까지 생겼는지, 몸은 왜 이리 자주 아픈지, 이 여린 딸을 정말 어떻게 해야 할지 모르겠습니다.

그날 밤 효은이는 밤새 몸이 불덩이였습니다. 천식 환자가 감기에 걸리면 어찌되는지에 대해 지식도 경험도 전혀 없다 보니, 이러다 또 응급 상황이 되는 건 아닌지 겁이 났습니다. 새벽녘. 효은이는 기침 끝에 잠이 깨어 눈물을 주르륵 흘렸습니다. 저는 딸의 뜨거운 몸뚱이를 안아 주고 쓸어 주며 기도합니다.

"하나님, 우리 효은이가 아파요. 아파서 울어요. 숨 잘 쉬게 해주세요. 기침하지 않게 해주세요. 빨리 나아서 건강하게 뛰어놀게 해주세요."

저의 기도에 효은이가 '아멘'합니다. 아파서 정신이 없는 것 같다가도, 제가 "예수님의 이름으로 기도합니다"하면 가녀린 목소리로 "아멘" 하는 효은이입니다.

효은이는 기도받기를 좋아합니다. 본능적으로 기도가 무엇인지

아는 것 같습니다. 가끔씩은 직접 기도요청을 할 때도 있습니다. 아끼던 물건을 잃어버리고 찾지 못할 때, 다른 사람이 먹는 음식을 자기도 먹고 싶을 때, 친구가 예쁜 물건을 가져와서 갖고 싶을 때, 아빠가 늦게 귀가할 때. 그때마다 효은이는 눈물을 글썽이며, "엄마가 기도해 줄까!" 하며 품에 안겨옵니다. 그러면 저는 언제라도 효은이를 품에 안고 기도해 주었습니다.

"하나님, 효은이가 아빠가 없어서 울어요. 효은이는 아빠가 정말 보고 싶어요. 아빠가 빨리 왔으면 좋겠어요. 효은이가 울지 않고 아빠를 기다릴 수 있게 해주세요."

"하나님, 효은이가 귤을 못 먹어서 슬프대요. 귤 때문에 슬퍼서 울어요. 앞으로는 효은이가 귤 때문에 울지 않게 해주세요."

"하나님, 효은이가 빨간 멍멍이를 잃어버려서 울어요. 잃어버려서 너무 속상하고 슬퍼요. 빨간 멍멍이 찾을 수 있게 도와주세요."

비록 사소하지만, 효은이는 자신의 힘으로는 어쩌지 못하는 괴로움을 당할 때마다 기도를 요청합니다. 효은이에게 기도는 '위로' 그 자체입니다.

효은이에게서 기도를 배웁니다. 혼자 힘으로는 어떡해야 할지 모르는 그 순간, 무거운 한숨이 가슴 깊이 잦아드는 그때에, 슬퍼하기보다 기도하기로 작정합니다. 그러면 하나님은 제가 효은이에게 그랬듯, 저를 품에 안아 위로하시며 토닥여 주실 것입니다.

감사⁺ 플러스
긍정⁺ 플러스

"하나님, 효은이 때문에 마음이 아픕니다. 효은이의 기침 소리가 제 마음을 찢는 것 같습니다."

지금은 효은이가 아파서 힘들어하고 있지만, 추수감사절을 맞아 효은이에 대한 감사 제목들을 적어 봅니다. 제대로 다닐 수 있을까 걱정했는데 학교에 잘 적응해서 감사, 받아쓰기하고 직접 알림장 적어 올 수 있게 되어 감사, '효은이 그려봐 봐'하면서 그림을 그리고 간단히 일기 쓰게 되어 감사, 알아보기 어려웠던 글씨, 결코 칸 안으로 들어가지 못할 것 같았던 큰 글씨들이 어느새 칸 안에 들어와 손발 모으게 되어 감사….

감사의 마음이 이어달리기 합니다. 복직해서 직장생활 잘 감당하게 해 주셔서 감사, 가사 일을 적극 도와주는 남편이 있어 감사, 탈 없이 잘 커 주는 둘째 아이로 인해 감사, 맞벌이 가정의 빈틈을 채워 주시며 고비마다 힘이 되어 주신 부모님들로 인해 감사, 효은이를 자식처럼 아껴 주신 활동보조 선생님으로 인해 감사, 배려를 아끼지 않으셨던 학교 선생님들로 인해 감사, 늘 기도로 함께 해주는 벗들과 교우들로 인해 감사….

감사의 마음 모아 다짐합니다. 어떤 어려움이 다가와도 낙심하지 않고 하나님의 선하심을 믿으며 힘껏 살아가겠노라고. 그 어떤 어려움도 하나님보다 크지 못함을 믿음으로 고백합니다.

비록 사소하지만,

효은이는 자신의 힘으로는 어쩌지 못하는

괴로움을 당할 때마다

기도를 요청합니다.

효은이에게 기도는 '위로' 그 자체입니다.

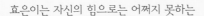

언제나 즐거움과 기쁨으로 얼굴이 환하게 빛나는 꽃장수 할머니가 있었습니다. 어느 날 단골손님이 할머니에게 물어보았습니다.

"할머니는 걱정 근심이 전혀 없으신가 봐요."

"천만에요. 걱정 근심이 없는 사람이 어디 있나요. 내게도 고통스러운 일, 짜증나는 걱정거리가 생긴답니다."

"그런데 어떻게 매일 그리도 즐겁게 사실 수가 있어요?"

"나는 '3일의 비밀'을 가지고 산답니다. 문제가 생길 때마다 하나님께서 해결하시도록 조용히 3일을 기다리는 것이지요. 예수님이 무덤에서 3일 만에 부활하신 것처럼 그 문제가 해결되는 데는 3일이면 족해요. 때로는 숫자대로 3일이 아닐 수도 있지만, 주님의 부활 원리는 늘 동일하답니다. 그래서 나에게는 어떤 암흑 같은 고난이 와도 3일 후면 언제나 광명의 빛이 찾아온다는 것을 알기에, 늘 감사하고 즐겁기만 합니다."

나의 감사 찾기 _____

_____

_____

_____

_____

_____

야훼는 네게 복을 주시고 너를 지키시기를 원하며 야훼는 그의 얼굴로 네게 비취사 은혜 베푸시기를 원하며 야훼는 그 얼굴을 네게로 향하여 드사 평강 주시기를 원하노라 할지니라 하라

(민수기 6장 24~26절)

"그때, 손잡고 걸어 주셔서 고맙습니다!"

매일 상처 받으며, 그래서 늘 자꾸만 움츠러들기만 하던 어린 소년의 마음에
결코 지워지지 않고 지울 수 없었던 따뜻함,
환갑을 지낸 지금까지도 그 따뜻함을 간직할 수 있게 해 주셔서 말입니다.

2013년 가을, 아름다운동행 감사운동본부에서 주최한 제2회 '감사 이야기' 공모전에 박성복 원장님(경희토지한의원)이 어린 시절의 선생님께 보내는 감사편지를 보내왔습니다. 어린 소년의 마음에 큰 감동과 '따뜻한 충격'을 전해 주셨던 선생님께 보내는 이 편지는 많은 사람들의 가슴을 적시었습니다. 그 사랑과 감동을 여러분께 전하고 싶어 여기 그 편지를 소개합니다.

초등학교 2학년 어느 날이었습니다.
운동장에서 전교생들이 모여 아침 조회를 하던 중 며칠 전에 치른 일제고사 성적 우수자 시상이 있었습니다. 성적 우수자 이

름이 불리면 크게 대답을 하고 앞으로 뛰어나가야 하는데, 저는 제 이름이 불리는 소리를 듣고 대답을 했지만 얼른 나갈 수가 없었습니다. 절뚝거리는 제 다리로는 뛸 수가 없었기 때문이지요.

불편한 몸으로 한없이 늦게 걸어 나오는 제 모습을 모든 학생들과 선생님들이 그냥 보고만 있을 때, '호랑이 선생님'이라는 별명을 가진 선생님께서 얼른 달려오셔서 제 손을 잡고 함께 걸어 시상대 앞에 서주셨습니다. 그때 선생님은 제 담임도 아니셨습니다.

선생님! 기억에도 없으시지요?

저는 그때, 어린 마음에 상을 받는다는 자랑스러움보다 여러 사람들이 저의 걷는 모습을 바라본다는 것이 너무도 싫고 부끄러웠습니다. 그런데 당시 그 학교에서 가장 엄하고 무서워서 호랑이 선생님이라고 소문이 나 있던 선생님이 뛰어오셔서 제 손을 잡고 천천히 함께 걸어 주셨을 때, 제게는 엄청난 충격(?)이었습니다.

그 운동장, 그 시상대, 그때 조회 서던 모습, 그때 집중되었던 시선들을 저는 지금도 영상처럼 생생하게 기억하고 있습니다.

그런데 선생님, 그 이후 조금은 놀라운 일이 생겼습니다. 저만 보면 절름발이라고 놀리고 흉내 내던 아이들이 적어진 것입니다. 호랑이 선생님이 조회 중에 손을 잡고 함께 걸어 준 아이를 함부로 놀릴 수 없다고 생각했던 걸까요?

마음이 항상 닫혀 있었고, 말수도 별로 없었고, 운동장 흙만 바라보고 걷던 제가 그 사건 이후로는 가끔은 운동장 플라타너스

나무에 기대어도 보고 가끔은 하늘도 바라보고 소리 내어 웃기도
하게 된 것입니다.

　선생님, 참 감사합니다.

　매일 상처 받으며, 그래서 늘 자꾸만 움츠러들기만 하던 어린
소년의 마음에 결코 지워지지 않고 지울 수 없었던 따뜻함, 환갑
을 지낸 지금까지도 그 따뜻함을 간직할 수 있게 해 주셔서 말입
니다.

　존경하는 선생님! 주님 앞에 서시는 날까지 늘 건강하시기를 바
랍니다.

제자 올림

마음의 묵상

웨스트민스터 사원을 방문하는 사람들은 웨슬리 형제를 위해 세워진 기념비에서, 요한 웨슬리가 했다는 세 마디 말을 읽고 깊은 감명을 받습니다.

첫 번째는 "세계는 나의 교구다." 입니다.

두 번째는 "하나님께서는 당신의 일꾼은 땅에 묻으시나 당신의 일은 계속해 나가신다." 입니다.

세 번째는 "세상에서 가장 좋은 것은 하나님께서 우리와 함께 하신다는 것이다." 입니다.

이 마지막 세 번째는 요한 웨슬리가 임종을 맞아 한 말입니다. 그는 죽기 직전에 팔을 높이 들고 승리의 기쁨이 넘치는 목소리로 "세상에서 가장 좋은 것은 하나님께서 우리와 함께 하신다는 것"이라고 소리 높여 외쳤다고 합니다.

나의 감사 찾기
_____
_____
_____
_____
_____
_____
_____

찬송하리로다 그는 우리 주 예수 그리스도의 하나님이시요 자비의 아버지시요 모든 위로의 하나님이시며
(고린도후서 1장 3절)

내 인생의 건축가
하나님!

"하나님께 두 손을 들고 내맡겼다. 내 인생의 방향도 바뀌었다.
하나님이 이미 세워 놓으신 그분의 계획
즉 하나님의 청사진 안으로 들어가는 날이었다. 혼혈아인 나를
미국에 거주하는 다민족을 위한 주님의 종으로 부르시는 서막이었던 것이다."

지금 미국에서 특별한 목회를 하고 계신 박철수(미국명 Robert Park) 목사님 이야기는 우리에게 하나님의 주권에 대한 인정과 순종을 배우게 합니다.

박 목사는, 통역을 하던 한국인 어머니와 군사고문단의 일원으로 한국에 온 미국인 아버지 사이에서 혼혈아로 태어나 우울한 어린 시절을 보냈습니다. 지금이야 국제화 시대가 되어 우리나라에 다문화 가족이 200만이나 되니까 외국인과의 사이에서 태어난 '혼혈'이라는 이유가 그리 문제시되지 않지만, 그가 어린 시절을 보낸 1960~70년대의 한국은 지금의 상황과는 아주 달랐습니다. 그 당시에는 혼혈아가 많지 않았기 때문에 친구들에게 놀림과 따돌림을 당하고, 또 차별과 편견 속에서 어려운 시절을 지냈습니다.

이렇게 불우한 환경에서 자란 그는 연세대학교 1학년 때, 펄벅여사가 혼혈아들을 돕기 위해 1964년 설립한 펄벅재단의 제1호 장학생으로 선발되어 미국으로 유학을 떠나게 됩니다. 그러나 미국에서의 군복무 시절에는 월남전에 반대하며 탈영해서 캐나다로 도망을 갔고, 그리하다보니 제대로 직장을 잡지 못하여 이삿짐센터에서 짐을 나르기도 하고, 광산에서 광부로 일하기도 하고, 택시를 운전하기도 하면서 대학을 마쳤고, 지미 카터 대통령의 사면령에 의해 다시 미국으로 건너가 Texas주 휴스톤대학교 경영학과를 졸업했답니다. 승승장구하여 미국 서부 Bank One이란 은행의 지점장이 되어 안락한 삶을 만끽할 즈음에, 하나님의 사역자로 강하게 부름을 받았습니다. 그때 그의 나이 마흔 살이었다고 합니다.

그는 '내 인생의 건축가, 하나님의 청사진'이라는 그의 저서에서 이렇게 고백합니다.

"하나님께 두 손을 들고 내맡겼다. 내 인생의 방향도 바뀌었다. 하나님이 이미 세워 놓으신 그분의 계획 즉 하나님의 청사진 안으로 들어가는 날이었다. 혼혈아인 나를 미국에 거주하는 다민족을 위한 주님의 종으로 부르시는 서막이었던 것이다."

아무도 권하지 않는 일을 위해 좋은 직장을 그만두고 사우스웨스턴 침례신학대학을 졸업한 다음, 휴스톤에 다민족교회 '뉴라이프 침례교회'를 세우고 열정적으로 귀한 사역을 감당하고 있습니다. 강권적인 부름에 대한 그의 선택은 믿음의 결단이며 순종이며 헌신입니다.

박 목사님은 지금 휴스턴 뉴라이프침례교회에서 다민족 목회를 하면서 다민족을 위한 프로그램인 The Learning Institute of Texas(LIT)의 교장으로 섬기며 이방인들의 미국정착을 열심히 돕고 있습니다. 선교열정도 남달라서 쿠바선교를 통해 신학교를 설립하고 100여 개의 교회를 개척하였으며, 중국과 멕시코 등지로 하나님의 사역을 놀랍게 넓혀가고 있습니다.

"저의 삶을 향한 하나님의 청사진은 아직 끝나지 않았습니다. 이제는 북한에서 그 하나님의 청사진의 마지막 장이 펼쳐지기를 기다리고 있습니다. 지금 내가 하는 일이 하나님의 큰 그림 안에서 어느 부분인지 고민하기 시작할 때, 한 사람의 인생을 설계하시고 지어 가시는 하나님의 세미한 계획을 발견할 수 있습니다. 또한 어떤 상황과 처지에서도 그분의 청사진을 믿고 하루하루를 살아갈 수 있는 비결을 배우게 됩니다."

하나님 제일주의로 살아가면 하나님께서 우리 삶 가운데 놀라운 일을 베푸심을 체험하게 됩니다. 우리는 하나님의 도구일 뿐입니다. 하나님의 청사진 속에 있는 우리는 어떠한 경우에도 순종하며 감사함으로 나아가면 하나님이 모든 것을 책임지고 이끌어 가십니다.

팽귄 암컷이 알을 낳으면, 수컷은 날개로 덮어 따뜻하게 해줌으로서 새끼가 나오게 합니다. 최소한 두 달은 먹지도 않고 영하 40도의 추위 속에서 시속 40㎞의 강풍을 견디어 냅니다.

고통이나 좌절을 겪을 때, 실패하거나 절망할 때 우리가 붙잡는 것은 무엇입니까? 그것은 예수 그리스도의 십자가입니다. 그 이유는 예수님의 십자가 사건보다 더 억울한 것도, 더 쓰린 아픔도, 더 깊은 상처도 없기 때문입니다.

나의 감사 찾기

공중의 새를 보라 심지도 않고 거두지도 않고 창고에 모아들이지도 아니하되 너희 하늘 아버지께서 기르시나니
(마태복음 6장 26절)

주님이 어떻게
일하시는지 보라

죽기를 소망했던 열여섯 살의 소년을 16억 영혼을 품은 거인이 되게 하셨습니다.
인간의 끝이 하나님의 시작이며, 우리가 할 수 없다고 무릎 꿇는 자리에서
주님은 비로소 일하시기 시작하십니다."

16억 인구의 무슬림 선교를 꿈꾸며 이집트를 무대로 1990년부터 지금까지 24년 동안 사역하고 있는 유해석 선교사님이 계십니다.

어린 시절 아버지의 사업이 부도가 나서 온 가족이 길거리로 내쫓기고 그때로부터 신문팔이와 구두닦이를 하며 가족의 생계를 도와야만 하는 불우한 시절을 지냈습니다. 고등학교도 진학하지 못하고 중3 때 한 전자회사에 취직했지만 그 공장마저 또 문을 닫아 그는 깊은 절망의 나락에 떨어졌습니다. 열여섯 살 때 수면제를 먹고 자살을 시도했는데, 깨어보니 머리가 빠개질 듯이 아프고 막 엉망이 되었습니다.

바로 그 죽음의 문턱에서 하나님은 그를 살려 주시고 주님께로

인도해주셨습니다. 또한 교회에 나오게 되었는데 하나님의 은혜가 임해 회개하며 주님을 구세주로 영접하게 되었습니다. 버림받은 인생이, 자살을 시도했던 인생이 예수님을 믿은 후에 존귀한 하나님의 자녀가 되었습니다.

그런데 그의 집안은 이단 종교를 섬기고 있었기 때문에 예수 믿는 아들을 쫓아냈습니다. 하는 수 없이 교회의 기도실에서 머물며 기도하는 중에, 자기가 많은 영혼들에게 복음을 전하는 꿈을 꾸었습니다. 하나님의 은혜 가운데 권사님 한분의 도움으로 신학대학원을 졸업하고 1990년 4월에 한국 OM선교회(Operation Mobilization) 1기생으로 파송받아 영국에서 선교 훈련을 받은 후, 이집트 빈민가로 들어가 첫 사역을 시작했습니다.

80%가 문맹인 그곳. 얼마나 가난하고 얼마나 고통스럽고 힘든 환경에서 사는지, 잠자리에 누우면 빈대가 온몸을 물어뜯습니다.

또 네 번이나 말라리아를 앓아 한쪽 청력을 상실하고, 바이러스에 감염되어서 온몸이 아파 누워 있는 고난의 시간을 지냈습니다. 하지만 그 길은 고난으로 끝나는 것이 아닙니다. 결국 영광의 길이 되었습니다. 그는 영국 교회의 쇠락과 무슬림이 영국에서 번성하고 있는 것을 보면서 FIM선교회(Fellowship for International Mission)를 조직하고 이곳에 다시 선교의 불을 지펴야 되겠다고 다짐했습니다.

영국 웨일즈 태생인 토마스 선교사님이 한국 대동강 앞바다에

와서 첫 순교를 한 것을 기억한 것입니다. 우리에게 복음을 전하러 왔다가 순교한 토마스 선교사님의 고국에 다시 선교의 불길을 일으켜야 하겠다는 사명을 가지고, 이슬람화 되어가는 그 땅을 안타깝게 바라보며 이슬람선교의 전초기지를 만들어 헌신하고 계십니다.

유 선교사님은 이렇게 고백합니다.

"깜깜한 절망 속에서 죽는 것이 사는 것보다 낫다고 생각했을 때, 주님이 한줄기 빛으로 찾아오셔서 기댈 곳 없는 저에게 능력의 언덕이 되어 주셨습니다. 가난하고 아무것도 보이지 않던 저의 인생을 붙들어 주셨습니다. 그리고 세계를 품고 예수 그리스도의 복음을 듣지 못하는 생면부지의 이슬람 영혼들을 사랑하게 하셨습니다. 어느 순간도 하나님께서는 제게서 손을 떼신 적이 없습니다. 죽기를 소망했던 열여섯 살의 소년을 16억 영혼을 품은 거인이 되게 하셨습니다. 인간의 끝이 하나님의 시작이며, 우리가 할 수 없다고 무릎 꿇는 자리에서 주님은 비로소 일하시기 시작하십니다."

극한 절망에 처했을 때 우린 어찌할 바를 모르고 원망과 불평을 쏟아 놓습니다. 애굽에서 종살이 하던 이스라엘 백성들이 하나님의 은혜로 애굽을 탈출해 나올 때 앞에 홍해가 가로막히고 뒤에 바로의 군대가 뒤쫓아 왔습니다. 그때 저들은 하나님의 그 구원의 은혜를 다 잊어버리고 입을 열어 불평하고 원망합니다. 우리를 매장할 곳이 없어서 여기까지 끌고 왔느냐고. 그때 모세는 이와 같이 외칩니다.

'야훼께서 너희를 위하여 싸우시리니 너희는 가만히 있을지니라'(출애굽기 14장 14절)

'가만히 있을지니라'는 말은 원망 불평하는 입을 닫고 가만히 하나님께서 어떻게 일하시는지 지켜봐라. 우리는 문제만 생기면 벌써 마음이 무너져가지고 입을 열면 '나 죽었어요. 큰일 났어요. 어찌하면 좋아요.'하며 얼마나 난리를 치는지 모릅니다. 그런데 성경은 가만히 있으라고 말씀하십니다. 가만히 주님이 어떻게 일

하시는지 지켜봐라.

모세가 지팡이를 들고 손을 바다 위로 내밀어 기도할 때 하나님께서 홍해를 쫙 갈라 주시니 이스라엘 백성들은 그 홍해바다를 육지처럼 건너고 그 뒤를 따라오던 바로의 군대들은 물이 확 합쳐져 버려 모두가 그곳에서 멸망을 받고 말았습니다.

할렐루야! 하나님은 이렇게 일하시는 것입니다. 하나님이 대신 싸워 주시리니 가만히 있을지니라. 원망하지 말고 불평하지 말고 부정적인 이야기 쏟아 놓지 말고 주님이 어떻게 일하시는지 믿음의 눈으로 지켜보라고 말씀하십니다.

깜깜한 절망 속에서

죽는 것이 사는 것보다 낫다고 생각했을 때,

주님이 한줄기 빛으로 찾아오셔서

기댈 곳 없는 저에게

능력의 언덕이 되어 주셨습니다.

미국의 여성 구리광산 부호 위게트 클라크(Huguette Clark)는 2011년 5월, 3억 700만 달러에 달하는 막대한 유산을 남기고 104세로 세상을 떠납니다. 그의 유산 중 1,900만 달러가 조카뻘 되는 티모시 그레이에게 남겨졌습니다.

변호사가 유산을 상속하려고 티모시를 찾았으나 찾을 수가 없었는데, 어느 날 기차역 근처에서 얼어 죽은 채로 발견됐습니다.

티모시 그레이를 생각하면 우리 예수 믿는 사람이 어떻게 보면 좀 비슷한 부분이 있습니다. 하나님의 자녀가 되었음에도 그 복을 누리지 못하고 여전히 영적 노숙인으로 살아가고 있지나 않은지….

나의 감사 찾기

_____

_____

_____

_____

_____

_____

_____

_____

_____

_____

_____

사람이 야훼의 구원을 바라고 잠잠히 기다림이 좋도다   (예레미야애가 3장 26절)

인천 아시안 게임의 '여호수아'

"… 늘 달리기 전 스타트 라인에서 '하나님, 이 시간에 평안을 주소서'라고 기도하며 경기에 임합니다. 제가 세계적인 육상선수가 되기 위해 최선을 다하는 것은 '영향력 있는 크리스천'이 되어 더 효과적으로 '복음'을 전하기 위해서입니다."

인천에서 열린 아시안게임에서 우리가 잘 아는 이름 '여호수아'라는 이름을 여러 번 들었습니다. 성경에 여호수아서가 있어 우리에게 익숙한데, 육상 선수 이름 중에도 여호수아가 하나 있었던 것입니다. 육상 선수 여호수아는 목사님 아들입니다. 이 선수로 인해서 '여호수아'라는 이름을 대한민국의 5천만, 예수 믿지 않는 사람까지 다 잘 알게 되었습니다.

여호수아 선수는 이번 육상경기에서 200m와 1,600m 계주에서 각각 동메달 은메달을 땄습니다. 금메달이 아니라 돋보이지 않을 수도 있는데, 200m 단거리에서 메달을 딴 것은 한국 육상 선수 사상 28년 만이랍니다. 1,600m 계주에서는 16년 만에 딴 메달입니다.

그래서 한국 남자육상에서 오랫동안 메달을 따지 못한 '노메달'(no medal) 레이스에 종지부를 찍었다고 합니다. 특히 1,600m 계주는 여호수아가 나가도록 된 경기가 아니고 다른 선수가 부상당해 대신 나가서 딴 은메달입니다. 원래 1,600m 계주팀이 아닙니다. 그 1,600m 계주시합 직전 400m 계주에서 그가 열심히 달리는데 동료가 바통 터치를 실수하는 바람에 실격을 당해 가지고 쉬고 있는데 경기를 마친 지 35분 만에 부름받은 것입니다.

"여호수아야, 지금 1,600m 누가 다쳐서 못 나가니까 네가 좀 나가라."

한 경기를 뛰고 나면 온 몸이 탈진하는데 조금 쉬려니까 대신 나가라고. 그래서 예정에도 없던 1,600m를 달리게 된 것입니다. 그런데 하나님이 은혜를 주셔서 1,600m 계주 마지막 주자로 달리는데 내내 3위로 달렸습니다.

결승전 통과 직전에

"조금만 더 달려라."

금식기도를 하고 계신 아버지의 음성이 들리는 듯 했고 동시에 누가 뒤에서 미는 것 같았답니다. 그래서 온 몸을 앞으로 숙였는데, 바로 그 순간 메달 색깔이 바뀌었습니다. 그때까지 쭉 2등으로 달리던 사우디아라비아 선수를 0.004초로 뒤집은 것입니다.

눈으로 보기에는 똑같이 들어와 누가 2등인지 구별이 안 되고 비디오로 판독을 해보니까 0.004초, 0.004초 차이로 들어와 동메달이 은메달이 되었습니다.

그의 이름은 아버지 여제선 목사님이 여호수아와 같은 인물이 되라고 이름을 '호수아'라고 지어 주신 이름입니다. 어릴 때 놀림도 많이 받았지만 꿋꿋이 믿음을 지켰습니다.

학교에서 스쿨버스를 사면 고사를 지냈다고 합니다.

"나는 예수를 믿기 때문에 그것을 할 수 없습니다."

그가 학생회장으로 있었을 때 앞장서서 그 일을 할 수 없다고 반대했습니다. 또한 대학교에 들어가서 신입생 환영회 때 술잔을 돌리는데, '술을 먹을 수가 없습니다'고 거절한 경험이 있습니다.

재학 시절, 부상으로 인해 슬럼프를 겪기도 하고 어려움도 많이 겪었습니다. 이런 고백을 했습니다.

"잦은 부상으로 극심한 슬럼프에 빠져 울면서 기도하던 어느 날, 하나님께서는 '내가 너를 세계적인 선수로 만들어 주겠다'는 강한 확신을 주셨습니다. 그래서 늘 달리기 전 스타트 라인에서 '하나님, 이 시간에 평안을 주소서'라고 기도하며 경기에 임합니다. 제가 세계적인 육상선수가 되기 위해 최선을 다하는 것은 '영향력 있는 크리스천'이 되어 더 효과적으로 '복음'을 전하기 위해서입니다."

서양 사람들은 새가 기뻐서 노래를 부른다고 하고, 한국 사람들은 새가 슬퍼서 운다고 합니다. 같은 사물을 놓고도 해석이 다르다는 것을 알 수 있습니다.

그러나 새는 노래하지도 울지도 않습니다. 새는 자기의 위치를 알리기 위해, 짝을 찾기 위해, 그리고 건강을 위해 소리를 낸다고 합니다.

삶 속에서 그리스도인임을 드러내는 당당하고 향기로운 몸짓, 나에게 있나요?

나의 감사 찾기

_____

_____

_____

_____

_____

_____

_____

_____

_____

_____

내 영혼아 야훼를 송축하며 그의 모든 은택을 잊지 말지어다 그가 네 모든 죄악을 사하시며 네 모든 병을 고치시며 네 생명을 파멸에서 속량하시고 인자와 긍휼로 관을 씌우시며 좋은 것으로 네 소원을 만족하게 하사 네 청춘을 독수리같이 새롭게 하시는도다

(시편 103편 2~5절)

"우리는 기회가 있을 때마다 사랑을 선택할 수 있습니다.
미소, 악수, 격려의 말, 친절한 인사, 도움의 손길….
이 모든 것이 사랑을 향해 내딛는 작은 발걸음입니다."

헨리 나우웬

2부

세상이 줄 수 없는 기쁨

세상과 완전히 다른
초월자의 '임재'

"그날 아침, 나는 위엄으로 다스리시는 하나님을 만났다.
세상과 완전히 다른 것,
오랫동안 갈망했던 그것을 그날 그 교회에서 마침내 발견한 것이다."

미국의 차세대 주자로 일컬어지는 튤리안 차비진 (Tullian Tchividjian) 목사님은 빌리 그레이엄 목사님의 외손자입니다. 온 집안이 기독교 신앙을 가진 신앙명문가에서 자란다 해도, 늘 교회 안에서 생활한다고 해도 미처 성령체험을 하지 못하면 신앙적으로 방황하게 됩니다. 튤리안 차비진 목사님도 젊은 시절에 얼마나 방황했는지 모릅니다. 멀리멀리 떠나갔었습니다. 하나님을 부인하고 방탕한 생활을 했습니다. 그러면서도 주일날은 꼬박꼬박 교회에 나왔습니다. 그러다가 스물한 살 때 성령체험을 하고 살아계신 주님을 만났습니다.

그의 저서 '더 크리스챤'에서 그는 이렇게 고백하고 있습니다.

"믿었던 세상이 내게 거짓말을 했다. 약속과 달리 세상은 내게

외로움과 상실감만 안겨 주었다. 그런데 그날 아침, 예배에서 평생 잊을 수 없는 뭔가를 만났다. 세상에 널려 있는 껍데기가 아닌, 실질적인 알맹이를 경험했다. 그날 찬양과 설교를 통해 하나님의 초월적인 임재가 지붕을 뚫고 들어왔다. 그 바람에 나는 성전에 들어간 이사야처럼 정신이 혼미해질 정도로 놀랐다. 단순히 인간의 재능에 놀란 것이 아니었다. 그보다 더 큰 뭔가가 나를 사로잡았다. 바로 하나님이셨다. 그곳은 모든 스포트라이트가 설교자나 찬양 리더가 아닌 하나님께로 집중되어 있었다. 성경에서 하나님의 영광은 곧 그분의 '무거움'과 강력한 임재를 의미한다. 바로 그날 아침, 나는 위엄으로 다스리시는 하나님을 만났다. 세상과 완전히 다른 것, 오랫동안 갈망했던 그것을 그날 그 교회에서 마침내 발견한 것이다."

예배 가운데 하나님의 임재를 경험한 것입니다.

어느 예배인지 우리는 알 수 없지만 성령이 임하는 것을 경험하는 그때 우리의 삶이 완전히 변화되는 체험을 하게 됩니다. 그렇기 때문에 예배가 얼마나 중요한지 모릅니다. 베데스다 연못의 물이 갑자기 끓어오르듯이, 어느 날 갑자기 성령의 임재가 내게 임할 때 내 삶이 완전히 뒤집어지는 삶의 전환점을 맞이하게 됩니다.

여러분에게도 튤리안 차비진 목사님처럼 운명을 바꾸어놓은 예배가 있었습니까?

감사⁺ 플러스
긍정⁺ 플러스

"성령이여 임하시옵소서. 바람같이 불같이 생수같이 내게 임하여 주셔서 나의 삶을 변화시켜 주시고 내 삶이 주님 앞에 드려지는 거룩한 산 제사가 되게 하여 주옵소서."

하나님의 은혜가 임할 때 우리는 변화된 신분으로 바뀌어져 하나님의 영광을 나타내며 살아갈 수 있게 됩니다. 성령체험을 하고 난 사도 바울의 신앙고백은 이렇습니다.

"내가 그리스도와 함께 십자가에 못 박혔나니 그런즉 이제는 내가 사는 것이 아니요 오직 내 안에 그리스도께서 사시는 것이라 이제 내가 육체 가운데 사는 것은 나를 사랑하사 나를 위하여 자기 자신을 버리신 하나님의 아들을 믿는 믿음 안에서 사는 것이라"(갈라디아서 2장 20절)

그리스도인은 '주님의 귀한 일꾼'입니다. 우리를 통하여 하나님의 영광이 온 천하에 나타나게 됩니다. 성령의 임재를 강하게 느끼는, 운명을 바꾸어 놓는 예배를 경험하는 복을 누리시길 바랍니다.

심장전문의 테리 고든 박사의 대학생 아들이 갑작스런 교통사고로 전신마비가 되었습니다. 미국 심장협회로부터 '올해의 미국 심장醫'(2002년)로 지명받기도 했던 유능한 의사임에도 불구하고, 정작 자기 아들에게는 아무것도 해 줄 수 없음이 너무나 고통스러웠습니다. 그 고통스러운 과정을 일기로 써 나갔는데, 그의 어느 날 일기는 이렇습니다.

"다섯 달 동안 매일 아들과 접촉할 수 있었던 것에 감사한다. 평소에는 그럴 기회가 없었는데, 이번에 아들과 소중한 시간을 나눌 수 있었다. 또 '아들의 목숨을 살려 주신 것'에 대하여 하나님께 날마다 감사드린다. 그리고 '아들의 총명한 정신이 그대로 남아 있는 것'을 감사드린다. 이 우주에 우연한 일이란 없다. 우리는 매일매일 '자신이 누리고 있는 많은 축복'에 대해 '감사'해야 한다."

나의 감사 찾기

_____

_____

_____

_____

_____

_____

이는 하늘이 땅보다 높음같이 내 길은 너희의 길보다 높으며 내 생각은 너희의 생각보다 높음이니라
(이사야 55장 9절)

장애아 다섯 입양한
야구선수 팀 버크의 결단

"이 아이들을 키우면서 우리 부부가 깨달은 것은
오히려 이 아이들이 우리의 운명을 바꾸어 놓았다는 사실입니다.
그들은 우리에게 감사를 알게 했고 행복을 깨닫게 해 주었습니다.
그리고 고통을 극복할 힘을 주었고, 참 그리스도인이 되게 하였습니다."

메이저 리그에서 명성을 떨치던 미국의 야구선수 팀
버크(Tim Burke)가 서른네 살의 젊은 나이에 은퇴를
선언하여 화제가 된 적이 있습니다. 팀 버크의 은퇴 결정은 그의
경기력이나 부상 또는 계약 갈등과는 아무런 관련이 없었습니다.
사랑하는 가족을 위한 것이었습니다. 당시 그의 연봉은 200만
달러, 한국 돈으로 환산하면 약 20억 원이었습니다.

그는 당시 야구선수로는 최전성기에 있었습니다. 몬트리올 엑
스포스와 뉴욕 메츠, 뉴욕 양키스를 거치며 8년 동안 최고의 구
원투수로 활약하면서 49승 102세이브의 전적을 올렸습니다. 특
히 1989년 올스타 게임에서는 두 이닝을 셧아웃 시키는 놀라운
피칭으로 강한 인상을 남겼습니다. 그가 야구를 그만둔다는 것은

당장 200만 달러의 연봉과 향후 몇 년 동안 받게 될 1,000만 달러 이상을 포기한다는 것을 의미합니다. 야구선수생활의 정상에 선 팀 버크가 아무도 예상하지 못했던 은퇴를 선언했는데, 그때 그의 은퇴는 스포츠 세계에서 가장 하기 힘든 '희생'의 결단이었습니다.

그의 은퇴 이유는 참 특별했습니다. 그는 아이들이 다섯인데, 모두 중증장애를 가진 입양아들입니다. 하나님이 자기네 부부에게 '맡겨 주신 아이들을 잘 돌보기 위해서'가 은퇴 이유랍니다. 그 중에 첫째와 셋째가 한국아이입니다. 둘째와 다섯째는 과테말라에서, 넷째는 베트남에서 입양했답니다.

조산아로 태어나서 심장에 구멍이 뚫려 있는 아이, 갑상선과 정신질환이 있는 아이, 태어날 때부터 오른손이 없고 심장질환으로 수없이 발작을 일으키는 아이, 길거리에 버려진 족부장애아이, 구순구개열(입술이 갈라진 장애) 아이….

다섯 아이가 모두 장애를 갖고 있으니 그 치료와 돌봄을 부모가 직접 하지 않으면 안 되겠다는 결심을 한 것입니다. 팀과 크리스틴, 이 부부가 얼마나 아름다운지요. 이들의 고백은 이랬습니다.

"우리는 불쌍한 이 아이들의 운명을 바꾸어 놓았습니다. 왜냐하면 누군가 그들을 돌보지 않으면 죽을 아이들이었으니까요. 그러나 이 아이들을 키우면서 우리 부부가 깨달은 것은 오히려 아이들이 우리의 운명을 바꾸어 놓았다는 사실입니다. 그들은 우리에게 감사를 알게 했고 행복을 깨닫게 해 주었습니다. 그리고 고통을 극복할 힘을 주었고, 참 그리스도인이 되게 하였습니다."

감히 흉내 내기 어려운 고백이며, 섬김이며, 헌신입니다.

이것은 그들에게 '절대 믿음'이 있기 때문입니다. '감사는 믿음에서 나온다'는 말씀이 마음에 들어와 앉았습니다. 그래서 오늘, 우리의 감사일기 쓸 거리가 한 가지 늘어났습니다. 감사일기를 쓰면 이렇게 감사가 자꾸 늘어납니다.

감사합니다.

영국의 신학자이며 유명한 성경 주석가인 매튜 헨리의 아버지 필립 헨리와 그의 어머니의 사랑이야기입니다.

메튜 헨리의 어머니 집안은 대단한 가문이었고 아버지 집안은 평범한 기독교 가정이었습니다.

젊은 날, 결혼하지 않은 딸에게 그 어머니가 물었습니다.

"네가 사귀는 필립 헨리가 어디 출신이냐?"

그때 그녀는 이렇게 말했습니다.

"어머니, 저는 그가 어디 출신인지는 몰라요. 하지만 그가 어디로 향해 가고 있는지는 알아요."

나의 감사 찾기

_____

_____

_____

_____

_____

_____

_____

_____

원수를 갚지 말며 동포를 원망하지 말며 네 이웃 사랑하기를 네 자신과 같이 사랑하라 나는 야훼이니라
(레위기 19장 18절)

감사의 연가를
부르면 부를수록

스마트폰이나 컴퓨터로 순간순간 자신들의 일상과 감정을 나누는 시대에도
때마다 직접 펜을 눌러 쓴 '손 카드'로 관심과 사랑을 전하면
감사와 기쁨이 더 크게 쌓입니다.

현대사회를 최첨단 통신시대라고 일컫습니다. 기술력의 향상으로 통신의 발달은 하루하루 달라지고 '빨리빨리'를 외치는 한국 사회의 문화에 시너지 효과를 내며, 우리는 매일매일 급격하게 변화하는 사회에 살고 있습니다.

하루에도 여러 통의 전자 우편이나 스마트폰으로 의사소통을 하면서 더 이상 기다림의 미학만을 강조하기보다는 자신의 주장과 의견을 나누고, 일상적인 소소한 이야기들을 시시각각 나누곤 합니다.

그런데 스마트폰의 문자 메시지로도 감사의 마음을 전할 수도 있겠지만, 좀 더 특별하게 감사를 표현하고 싶을 때가 있습니다.

지난 추석 명절에 감사의 마음을 전하고 싶어 '손 카드'를 좀 구

입하고자 했습니다. 의외로 카드 종류가 다양하지 않았고 상대적
으로 비싼 가격에 놀랐습니다. 미국에서 목회할 때 다양한 손 카
드를 손쉽게 구입해 자주 보낸 경험이 있어서 그 체감 온도가 남
달랐습니다.

미국 사람들은 아주 작은 것이라도 감사나 위로, 축하하는데
손 카드를 보냅니다. 자녀들의 생일에 초대장을 보낼 때도 손 카
드를 보냅니다. 생일 파티가 끝나면 받은 선물이 정말 맘에 든다
는 내용을 담아 생일파티에 와준 친구들에게 일일이 감사의 손
카드를 정성껏 적어 보냅니다.

또한 선생님들이 학생들에게서 크리스마스나 밸런타인데이에
선물을 받았다면 감사의 인사와 더불어 선물이 어떻게 마음에
들었고 어떻게 사용할 것이라는 말이 가득한 손 카드를 보냅니
다. 학생들은 자신이 보낸 선물보다 더 많은 정성이 남긴 진심 어
린 손 카드를 받게 됩니다.

이렇게 많은 사람들이 손 카드로 감사의 마음을 표현하다 보
니, 미국의 큰 상점에 가면 항상 카드를 구입할 수 있는 코너가 있
습니다. 잠깐 구경하면 쉽게 시선을 빼앗길 정도로 손 카드를 보
낼 대상에 따라 세심하게 종류별로 나누어져 있고, 그에 관련된
그림이나 문구가 담겨 있습니다.

아이들을 위한, 아빠를 위한, 엄마를 위한, 사랑하는 사람의 생
일을 위한, 부인을 위한, 남편을 위한, 며느리나 조카를 위한, 기

념일을 기념하기 위한, 새 집으로 이사한 사람을 위한, 퇴직한 사람을 위한, 슬픈 일을 겪어 위로가 필요한 사람을 위한, 그리고 헤어질 때 보내는 카드까지 진열대가 형형색색 다양하게 가득 채워져 있습니다.

미국의 감사 문화가 낳은 아름다운 풍경입니다. 스마트폰이나 컴퓨터로 순간순간 자신들의 일상과 감정을 나누는 시대에도 직접 펜을 눌러 쓴 '손 카드'로 때마다 관심과 사랑을 전하면 감사와 기쁨이 더 크게 쌓입니다.

한 해를 마감할 때마다 느끼는 것이지만, 금년에도 정말 엄청난 어려움 속에서 여기까지 왔습니다. 아픔도 많았지만 '그럼에도 불구하고' 우리에게 안겨 주신 감사가 큰 한 해였습니다. 감사 연가를 부르면 부를수록 감사가 넘쳤고, 기쁨이 가득합니다.

무엇보다 먼저 우리를 너무나도 사랑하셔서 이 땅에 구원자로 오신 예수 그리스도께 무한 감사로 영광 올려드립니다.

그리고 마음을 전하고 싶은, 생각나는 이들이 있습니다. 마음 깊이 감사를 전하고 싶은 이들 말입니다. 이번 연말에는 손 카드로 정성껏 감사의 마음을 전해 보는 것은 어떨까요.

"따르릉, 따르릉"

토요일 오후에 주보를 맡겼던 인쇄소에서 전화가 왔습니다.

"목사님, 주일예배 설교제목을 알려 주십시오."

"제목은, '여호와는 나의 목자시니' 입니다."

평소에 목사님이 늘 설교제목을 길게 쓰셨기에 인쇄소 직원은 이상하다는 듯이 다시 물어보았습니다.

"그게 다 입니까?"

"네, 그것이면 충분합니다."

다음 날 아침, 목사님이 설교를 하기 위해 강단에 올라섰는데, 주보에 설교제목이 이렇게 인쇄되어 있었습니다.

"여호와는 나의 목자시니- 네, 그것이면 충분합니다."

큰 충격을 받은 것처럼 목사님은 계속 이 제목을 몇 번씩 되 뇌이고 있었습니다.

"여호와는 나의 목자시니- 네, 그것이면 충분합니다."

"여호와는 나의 목자시니- 네, 그것이면 충분합니다."

결국 목사님은 이 제목에 스스로 은혜를 받아 눈물이 계속 흘러 더 이상 말씀을 하지 못하셨고, 예배는 온통 눈물바다가 되었습니다.

나의 감사 찾기

_____

_____

_____

주께서 이 나라를 창성하게 하시며 그 즐거움을 더하게 하셨으므로 추수하는 즐거움과 탈취물을 나눌 때의 즐거움같이 그들이 주 앞에서 즐거워하오니 (이사야 9장 3절)

기부천사
'철가방 우수씨'의 행복

"오늘 하루 종일 후원 아동들에게서 온 감사편지를 읽었습니다.
읽고 또 읽고 또 읽었어요. 이 시간이 저는 너무나 행복합니다.
이런 행복을 허락해 주신 하나님께 감사드립니다."

'철가방 기부천사' 김우수 씨의 이야기를 아십니까?
'철가방 우수씨'란 영화로도 제작되어 여러분도 감
상하셨겠지요.

우수 씨는 철가방을 들고서 오토바이를 타고 자장면과 짬뽕을
배달하는 중국음식점 배달원입니다. 그의 숙소는 월세 25만원의
1.5평짜리, 창문도 없는 고시원 쪽방이었으며, 받는 월급은 70만
원이었습니다. 그런데도 그는 7년여 동안 많게는 여섯 명에 이르
기까지 매달 10만원씩 부모 없는 아이들에게 보냈습니다.

하지만 안타깝게도 2011년 9월, 쉰네 살의 나이로 하나님의 부
르심을 받았습니다. 일손이 바쁜 어느 날, 철가방을 들고 배달을
마치고 돌아오던 길에 교통사고를 당한 것입니다.

그는 가족도 일가친척도 없는 고아였습니다. 일곱 살 때 고아원에 보내졌는데, 열두 살 때 고아원을 도망쳐 나와 떠돌이 생활을 했다고 합니다. 구걸과 노숙을 하면서 소년원을 전전했습니다. 그러다가 2006년 2월, 우연히 '초록우산 어린이재단'에서 발행하는 '사과나무'란 잡지의 기사, 가정폭력과 빈곤에 처한 아이들의 사연과 후원자의 이야기를 읽었는데, 그 기사가 그의 마음을 움직였습니다. 그는 자신과 같이 어렵고 힘든 삶을 살아가는 아이들을 돕기로 결심했습니다. 어느 신문에서 다음과 같은 그의 기사를 본 적이 있습니다.

'그렇게 고생해 번 돈으로 애들을 돕는다고요? 당연히 돈 많은 사장님인 줄 알았는데…'.

서울 송파구의 한 임대주택에서 손녀 이지현(14·가명)양의 후원자 김우수(52)씨를 맞은 최혜숙(70·가명)씨는 말을 잇지 못했다. 지난 2년 2개월 동안 매달 후원금을 보내 준 고마운 사람이 70만원 조금 넘는 월급을 받는 중국집 배달원일 줄은 상상도 못했던 것. 미안함에 어쩔 줄 모르는 최씨 앞에서 김씨가 황급히 손사래를 쳤다.

'아닙니다. 저는 다섯 아이의 아버지나 마찬가지인걸요.'

김씨는 매달 박봉에서 10만원을 떼어서 형편이 어려운 국내외 아동 5명을 돕고 있다. 2006년 10월 세 아이와 인연을 맺으며 시작한 후원 활동이 어느덧 3년을 넘었다. 하나 둘 늘어난 '사랑의 자녀' 중에는 멀리 에티오피아에 사는 12세 소년 후샌모사도 있다.

초등학교도 못 나온 그가 에티오피아 소년을 학교에 보내고 있다.

'보내 주신 돈으로 학용품도 사고 옷도 사 입었어요.'

후샌모사가 보낸 편지를 읽고 김씨는 가슴이 뿌듯하다. 후원금으로 매달 문제집을 사서 푼 덕에 성적이 올랐다는 박일준(14·가명)군의 소식도 반갑기 그지없다.

지현이 할머니는 김씨의 손을 꼭 쥐며 이렇게 말한다.

"꾸준히 도와주시니 얼마나 고마운지 몰라요. 돈보다도 따뜻한 마음이 우리에게 더 큰 힘이 되지요. 아 참, 이 말을 꼭 전해달래요. 정말 감사하다고요. 꼭 건강하고 행복하시라구요. 저도 직장 다니고 돈 벌면 아저씨처럼 어려운 사람을 꼭 도울 거래요…"

김씨의 얼굴이 환해졌다. 아이들의 수줍은 인사, 꾹꾹 눌러쓴 편지, 이런 것만큼 김씨를 기쁘게 하는 건 없다.

지현이 할머니와 작별하던 김씨가 혼잣말처럼 말했다.

"애들과 공원도 가고 맛있는 것도 사 주고 싶은데, 제 형편으론 힘들겠더라고요. 그게 참 미안합니다."

"아이고, 지금까지 받은 걸로 충분해요. 어쩜 이런 분이 다 있을까. 정말 고맙고 미안해요."

더 주지 못해 미안하다는 사람, 그가 천천히 현관문을 나섰다.

우리 사회에서 중국음식점 배달원의 삶을 누가 '일류'라고 말하겠습니까? 그러나 '철가방 기부천사' 우수 씨의 사랑과 나눔의 삶이 보여 준 수준은 바로 '일류' 입니다.

"오늘 하루 종일 후원 아동들에게서 온 감사편지를 읽었습니다. 읽고 또 읽고 또 읽었어요. 이 시간이 저는 너무나 행복합니다. 이런 행복을 허락해 주신 하나님께 감사드립니다."

평소 이런 말을 한 우수 씨는 아마 삶의 보람이라는 선물을 받았을 것입니다. 삶의 보람이란 자기를 필요로 하는 이들에게 자기를 던질 때 주어지는 하나님의 선물입니다.

어느 날, RH- 혈액형을 가진 아이가 급히 수술실에 들어갔습니다. 하지만 피가 모자라 생명이 위독하게 되었습니다. 가족 중에 같은 혈액형을 가진 사람을 검사했는데, 다행히 아이의 동생이 같았습니다. 워낙 시간이 촉박했습니다.

"얘야, 지금 형이 몹시 아프단다. 어쩌면 하늘나라로 갈지도 모른단다. 그러지 않으려면 네가 피를 좀 형에게 주어야겠다. 어떻게 하겠니?"

아이는 한동안 아무 말 없이 고개를 숙이고 한참을 생각한 후, 고개를 끄덕였습니다. 혈액을 뽑는 주사바늘을 꽂고 피가 나가는 것을 물끄러미 쳐다보던 아이는 갑자기 울음을 터뜨렸습니다. 부모는 아이를 달랬고, 이윽고 주사바늘을 빼자 아이는 울음을 그쳤습니다. 그런데 일어날 생각은 하지 않고 눈을 감고 누워 있었습니다.

"얘야 다 끝났다. 근데 왜 눈을 감고 있니?"

"하늘나라에 갈 준비를 하고 있어요."

주변에 있던 모든 사람들은 당황했습니다. 그 아이는 헌혈을 해 본 적이 없기에 자신의 몸에서 피를 뽑아서 형에게 주고, 자기는 곧 죽는 줄로 알고 있었던 것입니다.

"얘야 그럼 넌 네가 죽는 줄 알면서도 헌혈을 한다고 한 거니?"

"네. 저는 형이 그만큼 좋거든요."

나의 감사 찾기

_____

_____

_____

_____

우리는 형제를 사랑함으로 사망에서 옮겨 생명으로 들어간 줄을 알거니와 사랑하지 아니하는 자는 사망에 머물러 있느니라
(요한1서 3장 14절)

"어머니,
얼마나 추우셨어요?"

청년은 무덤 위에 쌓인 눈을 두 손으로 정성스레 모두 치워 냈습니다.
그런 뒤 자기가 벗은 옷으로 무덤을 덮기 시작했습니다.

7.4 남북 공동성명이 발표된 1972년도 겨울에 실제 있었던 이야기입니다.

눈이 수북이 쌓이도록 내린 어느 날, 강원도 깊은 골짜기를 두 사람이 찾았습니다. 나이가 지긋한 한 노인은 미국 사람이었고, 젊은 청년은 한국 사람이었습니다. 눈 속을 헤치며 한참 골짜기를 더듬어 들어간 두 사람이 마침내 한 무덤 앞에 섰습니다.

"이곳이 네 어머니가 묻힌 곳이란다."

나이 많은 미국인이 청년에게 말했습니다. 그러면서 지난날을 회상합니다.

1951년 1월, 한 미군 병사가 강원도 깊은 골짜기로 후퇴를 하고 있는 중에 이상한 소리가 들려왔습니다. 가만히 들어 보니 아이

울음소리였습니다. 울음소리를 따라가 보니 눈구덩이 속에서 들려오고 있었습니다. 아이를 눈에서 꺼내기 위해 눈을 치우던 미군병사는 소스라쳐 놀랐습니다.

흰 눈 속에 파묻혀 있는 어머니가 옷을 하나도 걸치지 않은 알몸으로 얼어 죽어 있었기 때문입니다. 피난을 가던 어머니가 깊은 골짜기에 갇히게 되자, 아이를 살리기 위해 자기가 입고 있던 옷을 모두 벗어 아이를 감싸곤 허리를 꾸부려 아이를 끌어안은 채 얼어 죽고만 것이었습니다.

그 모습에 감동한 미군병사는 언 땅을 파 어머니를 묻고, 어머니 품에서 울어대던 갓난아이를 데리고 가서 자기의 아들로 키웠습니다. 아이가 자라 청년이 되자, 그때 언 땅에 묻었던 그 어머니 산소를 아들과 함께 찾아온 것이었습니다.

이야기를 다 들은 청년이 눈이 수북이 쌓인 무덤 앞에 무릎을 꿇었습니다. 뜨거운 눈물이 볼을 타고 흘러내려 무릎 아래 눈을 녹이기 시작했습니다. 한참 만에 청년은 자리에서 일어났습니다. 그러더니 입고 있던 옷을 하나씩 벗기 시작했습니다. 청년은 무덤 위에 쌓인 눈을 두 손으로 정성스레 모두 치워 냈습니다. 그런 뒤 청년은 자기가 벗은 옷으로 무덤을 덮기 시작했습니다. 마치 어머니께 옷을 입혀 드리듯, 청년은 어머니의 무덤을 모두 자기 옷으로 덮었습니다.

그리고는 무덤 위에 쓰러져 통곡을 합니다.

"어머니, 그날 얼마나 추우셨어요!"

우리 주님은 당신의 옷을 모두 벗어 우리의 부끄러운 죄를 가리셨습니다. 뿐만 아니라 당신의 생명까지도 내어 주셨습니다.

우리는 정말 예수님의 그 십자가 은혜와 사랑을 알고 있습니까? 정말 감사하고 있습니까?

강아지를 파는 가게에 한 어린 소녀가 찾아와, 다리를 저는 강아지의 값을 물었습니다. 가게 주인은 그 아이에게 묻습니다.

"아이야, 왜 하필이면 다리를 저는 강아지를 사려고 하니?"

소녀는 이렇게 말합니다.

"저도 다리를 다친 절름발이거든요. 이 강아지에게는 많은 사랑과 도움이 필요할 거예요. 저 역시 많은 도움과 사랑을 받았어요. 장애를 가지고 자라는 것이 보통 힘든 것이 아니거든요."

주인은 그 이야기를 듣고 그 강아지를 소녀에게 거저 주었습니다. 그 소녀가 그 강아지를 가장 잘 보살펴 줄 주인이 되어 줄 줄 알았기 때문입니다.

나의 감사 찾기
_____
_____
_____
_____
_____
_____
_____
_____
_____
_____

나를 사랑하는 자들이 나의 사랑을 입으며 나를 간절히 찾는 자가 나를 만날 것이니라
(잠언 8장 17절)

'더 테너' 주인공
배재철 이야기

하나님께서는 '내가 너에게 목소리를 준 것은
내가 찬양을 받기 위함이다'는 사실을 알게 하셨습니다.
그리고 '하나님을 절대적으로 믿는 믿음'을 얻게 하셨습니다.

얼마 전 부산영화제에서 성악가 배재철 선생의 삶을 그린 "더 테너"라고 하는 영화가 상영되었는데, 큰 감동을 받은 관객들이 다 일어나 박수를 치며 환호를 했습니다. 이 영화 속에는 절망한 사람이 다시 희망을 꿈꾸고 일어나는 기적과도 같은 대 반전의 감동적인 삶의 이야기가 있기 때문입니다.

배재철 선생님은 한양대학교 음악대학과 이태리 베르디 국립음악원을 수석졸업한 뒤 유럽 각지의 유수한 음악 콩쿠르에서 우승을 거듭하며 데뷔, 유럽 각지에서 오페라 주역을 맡아 성악가로서 한참 잘 나갔습니다. 그러던 중 목에 이상이 생겨 병원에서 검사를 받았더니, 놀랍게도 갑상선암이었습니다.

2005년, 갑상선 암수술을 받을 때 암세포가 전이되어서 오른

쪽 성대 신경과 오른쪽 횡경막 신경까지 다 절단했습니다.

수술 후 의사가 말합니다.

"앞으로 더 이상 노래를 할 수 없습니다."

이 한마디는 성악가인 배 선생에게 절망이었습니다. 그 말을 듣는 순간 앞이 캄캄해져서 병상에 누워 자신의 과거를 돌아보았습니다. 교회 찬양대에서 찬양하고 주님을 섬기던 그때가 생각났습니다. 순수하던 그때가 참 좋았는데 성악가로서 인기를 얻고 세상적인 유명세가 높아지면서 하나님과 교회를 멀리했던 자신을 발견하고, 그 자리에서 엎드려 눈물로 회개했습니다. 찬양대에서의 자기 자리를 지키지 못한 데서 온 고난임을 깨닫고 철저하게 회개하면서, 하나님께서 다시 고쳐 주시면 그 목소리로 하나님을 찬양하겠다고 서원했습니다.

그런 그에게 하나님의 은혜가 임했습니다.

2006년 4월, 그를 아끼던 일본인 매니저와 일본 팬들의 도움을 받아서 성대 복원수술을 했습니다.

"제가 목소리를 되찾을 수 있다면 맨 처음 하나님을 찬양하겠습니다."

수술이 끝나고 나서 이제 노래를 해보라고 말을 건넸습니다.

"주 하나님 지으신 모든 세계 내 마음속에 그리어 볼 때

하늘의 별 울려 퍼지는 뇌성…"

그 목소리가 다시 회복이 된 것입니다. 그 후로 2년 동안 피눈

99
2부 세상이 줄 수 없는 기쁨

물 나는 재활훈련 끝에 무대에 복귀했으며 수술 및 재활과정을 담은 다큐멘터리가 일본 NHK 방송을 타고 전파되면서 많은 일본 사람들이 감동을 받아 예수 믿고 하나님께 돌아오는 역사가 나타나게 되었습니다. 이 모든 과정을 가장 잘 아는 일본인 매니저 와지마 토타로씨는 배선생에게 이렇게 말했습니다.

"당신이 믿는 하나님이라면 저도 믿겠습니다. 당신이 성악가로서 견딜 수 없는 고통 속에서도 흔들리지 않을 수 있었던 것은 '당신이 하나님을 믿었기 때문'이라는 사실을 나는 보았고 느꼈습니다!"

또 배재철 선생은 이렇게 고백합니다.

"하나님은 제게 '목소리'라는 달란트를 주시고 저를 성악가로 만들어 주셨습니다. 하지만 저는 제 이름만을 높이는 활동을 해왔고, 한순간에 제가 가진 모든 것을 잃었습니다. 대신 하나님께서는 '내가 너에게 목소리를 준 것은 내가 찬양을 받기 위함이다'는 사실을 알게 하셨습니다. 그리고 '하나님을 절대적으로 믿는 믿음'을 얻게 하셨습니다. 그래서 의사들이 '당신은 이제 노래하는 것이 불가능합니다.'라고 얘기했을 때, 저는 절망하면서도 한쪽 귀로 듣고 한쪽 귀로 흘렸습니다. 하나님을 '믿었기' 때문입니다. 그러자 하나님께서 계획해 놓으신 일들이 일어나기 시작했습니다. 이제 저는 하나님을 찬양하며, 절망에 빠진 사람들에게 다시 시작할 수 있는 희망과 위로를 주는 일로 남은 인생을 살 것입니다."

마음의 묵상

이스라엘의 우화에 '새들의 불평'이라는 이야기가 있습니다. 하나님께서 모든 동물의 창조를 마치셨을 때, 새들이 불평하기 시작했습니다. "다른 동물들에게는 튼튼한 다리를 만들어 주면서 왜 우리에게는 이렇게 가느다란 다리를 주셨습니까? 왜 우리 새들에게만 양 어깨에 무거운 짐을 매달아 걷기도 힘들게 하십니까?"

그러자 용기 있는 독수리가 먼저 어깨에 붙은 무거운 짐을 움직여 보았습니다. 그랬더니 온몸이 깃털처럼 가벼워지며 창공을 날 수 있었습니다. 새들의 양어깨에 붙은 것은 짐이 아니라, 몸을 가볍게 해 주는 날개였던 것입니다.

인생도 마찬가지입니다. 우리가 거추장스러운 짐으로 생각하는 것들이 사실은 인생의 날개인 경우가 많습니다. 나의 도움을 필요로 하는 가족과 친구, 나를 향한 주위의 여건들…

십자가도 그런 것입니다. 여러분의 어깨에 붙은 십자가는 무거운 짐입니까, 아니면 날개입니까? ✿

나의 감사 찾기

_____

_____

_____

_____

_____

_____

_____

내 눈을 열어서 주의 율법에서 놀라운 것을 보게 하소서   (시편 119편 18절)

'잊혀진
사람들의 마을'에서

"아, 지금 어쩌면 내가 잡고 있는 이 손이 예수님 손이 아니겠는가?
예수님이 우리의 죄 때문에 십자가에 달리시고, 그 고초 받으신 손,
손가락도 부러지고 상처 난, 고름도 생긴, 이렇게 비참한 손이었을 것이다.
내가 예수님 손을 잡는데 왜 이렇게 겁을 내는가?"

'잊혀진 사람들의 마을'(Das Dorf Der Vergessenen)이라는
책이 오래 전에 나왔습니다. 한센병 정착촌 교회에
서 사역하던 한 목회자의 이야기를, 독일 유학시절의 친구(독일인)
가 그곳을 방문하여 '보고 듣고 느낀 것'을 독일어로 썼었는데, 그
것이 한국어로 번역되어 나온 특별한 책입니다.

독일 튀빙겐대학에서 유학을 하고 돌아와 신학대학 교수로 강
의를 하고 있던 어느 날, 연세 높으신 목사님 한분이 찾아와 말씀
하셨답니다.

"당신은 자유주의 신학자가 아니오! 당신, 하나님을 만난 경험
이 있소?"

교수님은 그 목사님 말씀에 충격을 받았습니다. 당황해서 그 목

사님께 묻습니다.

"어떻게 하나님을 만날 수가 있습니까?"

"당신은 학문적으로는 훌륭하지만 하나님을 만난 체험이 없소. 그러니 당신은 신학교 교수를 할 게 아니라 목회를 해야 됩니다. 목회! 목회를 하기 전까지는 하나님을 만나는 체험을 하기 힘드니 목회하시오."

그러면서 소개해 준 곳이 바로 한센병 정착촌 교회였답니다.

아무 생각 없이 신학대학 교수를 그만두고, 소개받은 교회로 부임하여 첫 설교를 하려고 강단에 딱 올라서서 내려다보고는 너무나 놀랐습니다. 코도 없고, 눈도 퍽 들어가 있고…, 어떤 분은 귀도 없고, 손가락도 없이 주먹만 쥐고 앉아 있는 것이 눈에 들어왔습니다. 얼마나 놀랐는지, 자기가 무슨 설교를 어떻게 했는지 정신이 없었답니다.

'아이고. 내가 목회를 어떻게 하나'하는 생각에 어찌어찌 예배를 마쳤고, 어떻게든 그곳을 빨리 빠져 나가 도망가야 되겠다는 생각뿐이었답니다. 그런데 교회 문을 나오는 입구에 웬 할머니가 서 있다가 손을 꽉 붙잡더랍니다. 손가락이 하나도 없는 손, 고름이 낀 손으로 목사님 손을 잡고 놓아 주지 않을 뿐만 아니라 자꾸 부벼 댑니다. 잡힌 손을 빼고 싶은데 그 한센병 할머니는 손을 잡은 채로 이렇게 말합니다.

"목사님, 열여덟 살 때 이 병이 들어서 지금 제 나이 일흔여덟 살입니다. 만 60년 동안 한번도 성한 사람 손을 잡아 본 적이 없는데 목사님 손을 잡으니까 정말 좋아서 제가 이럽니다."

그 할머니 말에 갑자기 자신의 모습이 부끄러워졌고, 이런 고백을 하게 되었답니다.

"아, 지금 어쩌면 내가 잡고 있는 이 손이 예수님 손이 아니겠는가? 예수님이 우리의 죄 때문에 십자가에 달리시고, 그 고초 받으신 손, 손가락도 부러지고 상처 난, 고름도 생긴, 이렇게 비참한 손이었을 것이다. 내가 예수님 손을 잡는데 왜 이렇게 겁을 내는가?"

그 후로 자기 삶을 주님 앞에 드리기로 결심하고 한센병 환자를 섬기는 목회를 계속할 다짐을 하게 되었습니다.

우리가 하나님을 인격적으로 만나기 전에는 세속의 눈이 늘 우리를 현혹합니다. 예수님이 우리를 선택하시고 구원하시기 위해 십자가에 자기 목숨을 내어 주기까지 우리를 사랑하셨음을 인격적으로 깨닫게 되는 전환점이 있어야 합니다.

어느 방향으로 서 있느냐에 따라 똑 같은 상황에서도 감사와 불평이라는 극단적으로 다른 마음이 생깁니다. 플러스 인생은 마이너스 상황에서도 하나님이 주신 지혜로 플러스 요인을 찾아냅니다. 그 속에 하나님의 뜻이 무엇인지를 발견하는 혜안을 가지고 있다는 뜻입니다. 하지만 마이너스 인생은 정반대입니다. 아주 좋은 상황에서도 감사를 찾아내지 못하고 독소만 뿜어냅니다. 우리는 지금 어떤 상태입니까.

'중국 선교의 아버지'로 불리는 허드슨 테일러 선교사가 중국선교에 헌신하여 50여 년간 사역하며 하나님의 사랑을 중국인들에게 전한 삶의 여정은 예수 그리스도의 진정성이 그대로 전달되는 감동으로 넘쳐납니다.

이런 선교사 허드슨 테일러에게도 큰 어려움과 절망에 처했던 때가 있었습니다.

"내가 아무리 노력을 해도 눈에 보이는 성과가 없었어요. 본국으로부터 모든 공급이 끊어지고 혼자 중국 땅에 버려진 것 같은 외로움과 절망이 나를 뒤덮었고, 이제 더 이상 아무것도 할 수 없을 것 같은 좌절감에 빠진 때가 있었습니다. 이런 절망에서 나를 건져준 복음이 바로 요한복음 15장입니다."

요한복음 15장에서 그는 그리스도인의 존재원리를 발견했습니다.

"나는 포도나무요 너희는 가지니"

이 한마디가 그를 절망에서 건져내 주었습니다. 예수님께 붙어 있기만 하면 주님이 다 하시는데 내가 하려고 계획하고 노력하고 몸부림치다 보니까 늘 부딪치고 한계에 다다르게 되고 상처 받고 절망하게 되었다는, 그것을 깨닫게 되었다는 것입니다.

나의 감사 찾기

_____

_____

_____

나는 포도나무요 너희는 가지라 그가 내 안에 내가 그 안에 거하면 사람이 열매를 많이 맺나니 나를 떠나서는 너희가 아무것도 할 수 없음이라 　　　　　　(요한복음 15장 5절)

보이지 않는 것을
보는 '눈'

어떤 환경 속에서도 ⬚⬚⬚ 잃지 않는 것이 중요합니다.
실패가 성공인 것처럼, 절망 속에 ⬚⬚ 희망이 들어 있습니다.
절망이 없으면 희망도 없습니다.

미국의 작가 해리 부시먼이 쓴 단편 '창가의 남자'에 나
오는 이야기입니다.

제퍼슨 병원의 12층에 위치한 낡고 좁은 병실에 죽음을 앞둔
두 환자가 있었습니다. 폐 일부를 제거해 하루의 대부분을 고통
속에 보내는 환자 빈센트와 사고로 척추가 탈골된 파커였습니다.

두 환자는 고통이 잠시 멎을 때마다 많은 이야기를 나누었습니
다. 가족과 친구들에 대해, 때론 서로의 직업에 대해서 이야기했
습니다. 시간이 지나면서 가족과 친지들이 그들을 만나러 오는
횟수가 뜸해질 때도 서로 이야기를 나누며 고통을 견뎠습니다. 어
느 날, 창밖을 멍하니 바라보고 있는 빈센트에게 파커가 물었습
니다.

"거기 밖에 뭐가 보이나요?"

빈센트는 잠시 망설이다가 대답했습니다.

"오늘 날씨가 무척이나 화창하네. 아름다운 공원이 있고, 꼬마들이 놀고 있어. 분명 오후 수업을 빼먹은 모양이야. 호수에는 작은 배가 한 척 떠 있고, 그 옆으로 귀여운 오리들이 줄지어 가는군. 저런, 꼬마들이 아주 흙투성이가 됐는데?"

"나도 일어나 바깥을 볼 수 있다면 좋겠어요!"

"자네는 곧 머지않아 그렇게 될 거야. 일어나 앉게 될 거고, 몸을 일으켜 창밖도 보게 될 거야."

그 후로 빈센트는 매일 오후 세 시가 되면 바깥을 내다보고 풍경을 이야기해 주었습니다. 날마다 변화무쌍한 날씨와 다른 풍경들이 펼쳐졌습니다. 덕분에 파커의 상태도 눈에 띄게 호전되는 듯했습니다. 그러던 어느 날 오후 세 시가 되었는데도 빈센트는 몸을 일으키지 않았습니다. 세상을 떠난 것입니다.

텅 빈 병실에 혼자 남겨진 파커는 간호사를 불러 자신의 침대를 빈센트가 있던 창가로 옮겨달라고 부탁했습니다. 간호사는 기꺼이 그의 부탁을 들어주었고, 창가로 자리를 옮긴 그는 기적처럼 몸을 일으켜 바깥을 내다보았습니다.

그의 눈에 들어온 것은 이웃 건물의 벽돌담뿐이었습니다.

어떤 환경 속에서도 희망을 잃지 않는 것이 중요합니다. 실패가 성공인 것처럼, 절망 속에 이미 희망이 들어 있습니다. 절망이 없다면 희망도 없습니다. 희망을 버리지만 않는다면 누구나 절망의 고비를 넘어갈 수 있습니다.

우리는 우리의 죄로 인하여 절망합니다. 우리의 욕망과 욕심으로 인해 절망합니다. 우리의 질병으로 인해 절망합니다. 우리의 주변에는 절망이 도사리고 있습니다. 하지만 절망 속에 희망이 있음을 우리는 알아야 합니다. 바로 그 절망으로 인해 우리는 하나님이란 희망을 바라보게 되기 때문입니다. 어떻게 보면 바로 그 절망이 축복인 셈입니다. 우리에게 영원한 생명을 가져다 주기 때문입니다.

희망은 감사에서 시작됩니다. 하나님이 나를 구원으로 이끌고 계시다는 믿음과 감사, 그리고 내가 갈 저 천국의 희망을 바라보십시오. 천국에는 이 세상의 아름다운 풍경에 비할 수 없는 우주의 아름다움을 모두 다 볼 수 있습니다. 기쁨과 행복이 영원토록 넘칩니다. 그 희망을 바라보십시오. 이 세상은 잠시이지만, 천국은 영원합니다.

미국의 자동차 왕 헨리 포드는 대기업을 일으킨 뒤 고향에 조그마한 집을 한 채 지었습니다. 그 집은 대기업 총수가 살기에는 매우 작고 평범한 집이었습니다.

"이건 너무 초라하지 않나요? 호화롭지는 않더라도 생활에 불편하지는 않아야지요."

주위 사람들은 걱정스럽게 포드에게 물었습니다. 그러자 그가 얼굴 가득 미소를 띠며 대답했습니다.

"가정은 건물이 아닙니다. 비록 작고 초라하더라도 예수님의 사랑이 넘친다면 그곳이야말로 참 평안이 있는 가장 위대한 집이지요."

지금도 디트로이트에 있는 헨리 포드의 기념관에 가면 이런 글을 볼 수 있습니다.

"헨리는 꿈을 꾸는 사람이었고 그의 아내는 기도하는 사람이었습니다."

나의 감사 찾기

_____

_____

_____

_____

_____

_____

_____

주여 이제 내가 무엇을 바라리요 나의 소망은 주께 있나이다   (시편 39편 7절)

'기도하는 손'의
전설

"기도하는 손이 가장 깨끗한 손이요, 가장 위대한 손이며,
기도하는 자리가 가장 큰 자리요, 가장 높은 자리입니다."

알브레히트 뒤러는 독일이 자랑하는 15세기 후반 르
네상스 시대의 화가이자 조각가이며 판화가, 미술
이론가, 수학자입니다. 그는 유채화 100점, 목판화 350점, 동판
100점, 소묘 900점 등 많은 작품을 남겼습니다. 손꼽히는 대표
작은 뉘른베르크 박물관에 소장되어 있는 '기도하는 손'(Praying
Hands)입니다. 그의 작품 중 어느 것도 감사와 희생, 노동, 그리고
사랑에 대한 감동적인 이야기를 전해주는 '기도하는 손'만큼 사
람들의 마음을 차지하지 못하기 때문입니다.

이 '기도하는 손'처럼 그리스도인들의 눈에 익은 그림도 드물 것
입니다. 아마 두 손을 모으고 두 눈을 꼭 감고 기도하는 자세도
이 '기도하는 손'의 영향이 아닌가 생각합니다. 주일학교 선생님

들의 가르침으로, 수많은 아이들이 아주 어릴 적부터 잠자리에 들기 전, '기도하는 손'의 모습 그대로 두 손을 모은 채 두 눈을 꼭 감고 기도하고 있습니다. 그만큼 이 '기도하는 손'의 영향은 매우 큽니다.

그런데 이 그림에는 눈물겨운 우정과 신뢰의 이야기가 전설처럼 숨어 있습니다.

유명한 화가가 되는 것이 꿈이었던 뒤러는 그림공부를 위해 고향을 떠났습니다. 그리고 역시 화가의 꿈을 가진 한 청년을 만나 함께 하숙생활을 했습니다. 두 사람은 서로 꿈도 같고 마음도 잘 맞아서 절친한 그림동무가 되었습니다. 하지만 가난했던 그들은 돈벌이를 하면서 그림을 배워야 했기에 제대로 그림공부를 할 수가 없었습니다.

어느 날 뒤러의 친구가 이렇게 말했습니다.

"자네가 먼저 그림을 배우게. 내가 노동을 해서 학비를 대겠네. 나중에 자네가 성공해서 그림이 잘 팔리면 그때 내가 그림공부를 하겠네."

한쪽이 그림을 배우는 동안 다른 한쪽은 노동을 해서 학비를 부담하자는 것이었습니다. 뒤러는 그 친구에게 먼저 그림공부를 하라고 권했지만, 친구의 간곡한 권유에 못 이겨 뒤러가 먼저 공부를 시작했습니다. 그 친구가 고생고생 하며 돈을 벌어서 학비를 뒷바라지 해 줌으로써 뒤러는 그림공부에 전념할 수 있었습니다.

세월이 흘러 뒤러의 그림이 팔리기 시작했고 어느 정도 명성도 얻게 되었습니다. 그러자 뒤러는 이제 그 친구를 공부시키기 위해 그의 집을 찾아갔습니다. 마침 친구는 하루 일을 마치고 기도를 드리는 중이었습니다.

"하나님, 저는 심한 노동으로 손이 굳어 그림을 그릴 수 없습니다. 하오니 하나님, 내 친구 뒤러만은 화가로 꼭 성공하게 해 주십시오. 주님의 영광을 위해 참 아름다운 그림을 그리게 해 주십시오."

친구의 기도를 듣게 된 뒤러는 흐르는 눈물을 닦을 생각도 하지 않고 그 자리에서 연필을 꺼내 친구의 기도하는 손을 스케치 했습니다. 바로 이것이 불후의 명작 '기도하는 손'입니다.

후에 뒤러는 이렇게 말했습니다.

"기도하는 손이 가장 깨끗한 손이요, 가장 위대한 손이며, 기도 하는 자리가 가장 큰 자리요, 가장 높은 자리입니다."

뉴욕 34번가에 무명의 사업가가 나타나 사람들에게 조용히 돈을 나눠 주어 사람들을 놀라게 한 적이 있습니다. 이 사업가는 허름한 옷차림의 젊은이에게 돈을 건네 주면서 '누가 당신에게 이 돈을 주라고 했다'고 하고는 사라져 버렸습니다.

그가 이 같은 일을 하는 것은 30년 전 크리스마스 때의 일을 잊을 수 없기 때문이라고 합니다. 오래 전 그는 헐벗고 배고파 식당에서 마지막 남은 돈으로 아침을 먹은 뒤 앞일을 걱정하고 있었습니다. 그런데 뒤에 앉았던 사람이 다가오더니 자기 옆에 20달러짜리 지폐 1장을 떨어뜨렸다가 주워서 자기에게 주며 이렇게 말했습니다.

"젊은이, 이 돈이 여기 떨어져 있는 것을 보니 자네 것인가 보네."

그리고는 그 자리를 떠났습니다.

그 청년은 그 고마움을 평생 잊을 수 없었습니다. 그래서 그는 매년 크리스마스 때가 되면 길거리에서 수천달러의 돈을 나눠 주고 있습니다.

나의 감사 찾기

_____

_____

_____

_____

_____

_____

또한 어떤 사람에게든지 하나님이 재물과 부요를 그에게 주사 능히 누리게 하시며 제 몫을 받아 수고함으로 즐거워하게 하신 것은 하나님의 선물이라　(전도서 5장 19절)

쉼은
축복입니다

쉰다는 것은 막간의 시간에 피곤을 풀거나 새로운 힘을 얻기 위해
잠시 일을 중단하는 것만은 아닙니다.
모든 일에서 떠나 하나님과 함께 누리는 평안함과 안락함을 의미합니다.

'**열**심히 일한 당신 떠나라'는 예전 광고 문구가 떠오르는 계절입니다. 쉴 새 없이 돌아가는 세상 속에서 한가로움은 사치라고 할 수 있습니다. 모두가 빠르게 생활하는 하루가 25시간이라도 부족할 노릇입니다.

옛 어른들은 '촌음'(寸陰)을 아껴서 배우기에 힘썼다고 하는데, 오늘의 우리는 그때보다 더 빠른 속도를 누린다지만 마음에는 여유가 없습니다. 건널목의 신호등이 깜박거리며 보행자들에게 경고를 보내지만 이미 상황에 익숙해진 보행자들은 건너가기를 주저하지 않습니다. 잠시 머물며 다음 신호를 기다릴 마음의 여유가 없습니다. 인터넷의 속도와 스마트폰의 무한 속도 경쟁으로 인해 너도 나도 끝없이 빠른 속도를 추구하며 살아가고 있습니다.

사실 빠름을 강조하는 이 시대의 문제는 방향에 대해 생각할 겨를도 없이 흘러간다는 것입니다. 무엇보다 사람들이 너무 빠르게 옮겨 다니고 너무 바삐 일하고 살아가는 동안 하나님과의 교제의 시간은 더욱 멀어지고 있는 것이 사실입니다.

잠시 '일단 정지'를 외쳐봅니다.

잠깐, '쉼표'를 이야기하려 합니다.

휴가철을 맞이하여 많은 사람들이 유명한 장소에 몰려들고 진땀을 빼곤 합니다. 놀이동산의 많은 사람들 틈에서, 해수욕장에 몰려든 사람들 사이에서 진정한 쉼을 찾기는 어려워 보입니다. 그리스도인의 안식은 여름철 피서지를 찾는 휴가와는 근본적으로 다릅니다.

성경에는 몇 가지 하나님의 명령이 있습니다. 그 중에 하나가 '안식일 명령'입니다. '안식일을 기억하여 거룩하게 지키라'는 제4계명은 하나님의 명령입니다. 안식일과 안식년과 희년의 공통적인 요소는 '휴식'입니다.

그런데 현대인들은 여전히 쉬지 못하고 있습니다. 오히려 쉬면 낙오자가 될 것만 같은 인식이 팽배한 사회 속에서 멈춤은커녕 우리는 천천히 걷는 것조차 스스로에게 용납하지 못하고 있습니다. 하나님께서는 그의 자녀들과 조용한 곳에 편하게 앉으셔서 이런 저런 이야기를 나누시면서 쉬고 싶어 하십니다. 지나간 이야기며, 힘들었던 일이며, 눈물 났던 때, 기뻤던 순간들을 주고받으며 이야기 나누기를 원하십니다.

이번 여름, 휴식을 취하며 하나님께 진정한 감사를 표현하는 것은 어떨는지요. 자신의 인생을 되짚어보며 넘치도록 부어 주신 은혜에 감사를 표현할 수 있는 최적의 시간입니다. 여름날 그늘 밑에서 이마의 땀을 닦으며, 매미소리를 들으며, 나뭇잎 사이로 파란 하늘을 보며 하나님을 그리는 아름다운 시간을 갖는 것, 바로 그 자체가 행복일 것입니다.

쉰다는 것은 막간의 시간에 피곤을 풀거나 새로운 힘을 얻기 위해 잠시 일을 중단하는 것만은 아닙니다. 모든 일에서 떠나 하나님과 함께 누리는 평안함과 안락함을 의미합니다. 그것이 창조의 완성 그 자체의 그림인 것입니다.

열심히 일한 당신, 정말 최선을 다해 일한 후 맞이하게 되는 이 달콤한 휴식의 시간이 안식을 누리는 시간이 되길 소망합니다.

감사⁺ 플러스
긍정⁺ 플러스

종교 개혁자 마르틴 루터에게 '막달레나'라는 열네 살 된 딸이 있었습니다. 그런데 그 딸이 병에 걸려 죽을 날만을 기다리고 있습니다. 임종을 앞둔 시간에 가족들이 모두 모인 자리에서 루터가 딸아이의 손을 잡고 간절히 기도했습니다.

루터는 기도 후에 딸아이를 바라보며 물었습니다.

"막달레나, 너는 나와 함께 있는 것이 좋겠니, 아니면 하늘에 계신 아버지 하나님께로 가는 것이 좋겠니?"

그러자 딸은 얼굴에 환한 미소를 띠며 이렇게 말했습니다.

"아빠, 저는 하나님의 뜻에 따르겠어요."

순간 방 안에는 침묵이 흐르고 모두들 눈물조차 흘릴 수가 없었습니다. 이윽고 루터가 입을 열었습니다.

"막달레나! 편히 쉬거라. 이제 너는 하늘에 반짝이는 별처럼 빛날 것이다. 그리고 곧 다시 부활할 것이다. 그래, 우리 그곳에서 다시 만나자. 우린 아주 잠깐 헤어져 있는 거야. 난 너의 죽음을 슬퍼하지 않으련다. 우리는 조금 뒤에 다시 만날 테니까."

나의 감사 찾기

_____

_____

_____

_____

_____

소망의 하나님이 모든 기쁨과 평강을 믿음 안에서 너희에게 충만하게 하사 성령의 능력으로 소망이 넘치게 하시기를 원하노라
(로마서 15장 13절)

은총이
父子

처음에는 눈물로 달렸다면 이제는 또 다른 웃음과 감사로 달리고 있습니다.
이제는 함께 달리는 가족들이 많이 생겼기 때문입니다.

부모의 이혼, 사별, 재혼, 가난 등으로 쉽지 않은 어린 시절을 보냈던 박지훈·김여은 부부는 평범하게 사는 것이 소원이었습니다. 이혼하지도 말고 먼저 하늘나라에 가지도 말자고 맹세하며, 평범하게 아이 낳고 행복하게 살자는 이야기를 자주 했습니다. 그랬던 부부가 '특별한' 삶을 살게 된 것은 2003년 아들 은총이가 태어나면서부터였습니다.

뇌혈관 기형으로 검붉은 반점이 나타나고 심한 경기를 동반하며 뇌가 서서히 위축되고 돌처럼 굳어 가는 스터지-웨버 증후군, 다리 한쪽이 비정상적으로 비대해지며 길어지는 클리펠-트레노우에이-배버 증후군 등 이름도 외우기 힘든 희귀난치병 세 가지를 포함해 여섯 가지 불치병을 안고 태어난 은총이.

아이 병원비와 수술비가 엄청났습니다. 결국 감당하다 못해 박지훈 씨는 신용불량자까지 되었습니다. 하지만 그냥 넋을 놓고만 있을 수는 없는 일이었습니다. 일용직 노동자로, 닥치는 대로 일을 하며 지내던 2006년 10월 13일 희귀난치성 질환 어린이 후원 모임인 '여울돌'의 박봉진 대표와 함께 1,500km 국토대장정에 나섰습니다.

은총이 아빠는 이렇게 말했습니다.

"국토대장정을 통해 은총이와 같은 아이들에게 따뜻한 시선을 주고, 난치병 의료보호항목을 재정비하여 사회적으로 고통이 분담될 수 있도록 환아가정의 척박한 현실을 전하고 싶었습니다. 지금의 '철인 은총 아빠'로 있게 해 준 계기가 바로 이 국토대장정입니다."

은총이와 아빠는 마라톤 경기에 참가합니다. 아빠는 은총이가 탄 휠체어를 밀며 아들에게 '포기하지 않는 것'을 가르쳐 주기 위해 완주합니다. 철인3종 경기에는 아들을 사이클 뒤 수레에 싣고, 보트에 태우고 달리고 헤엄칩니다.

마라톤과 철인3종 경기에 도전하게 된 계기는 딕 호이트와 릭 호이트 부자의 동영상을 보면서입니다. '나도 할 수 있지 않을까' 하는 꿈을 갖게 된 것입니다. 그런 그의 꿈에 박수를 쳐 준 이가 있었습니다. '은총이 가족이 자신을 만나고 싶어 한다'는 편지를 받고 2010년 1월 미국에서부터 군산까지 부모님과 함께 은총이 가족을 방문한 '지선아, 사랑해'의 작가인 이지선 씨의 응원 때문이었습니다. 이지선 씨는 이들 부자에게 이렇게 말했습니다.

"철인3종 경기에 꼭 완주하셔서 대한민국 아버지의 사랑이 얼마나 멋지고 위대한지 온 세상에 보여 주세요."

그 후 지치거나 힘들면 은총이 아빠는 늘 그 말을 떠올립니다. 2010년 10월 16일 이들 부자는 생애 처음으로 철인3종 경기에 도전했습니다. 그리고 4시간 20여 분만에 완주했습니다. 장애를 갖고 있는 아이와 아버지가 완주한 것은 호이트 부자에 이어 세계에서는 두 번째, 아시아와 대한민국에서는 최초였습니다.

30회가 넘는 마라톤 대회와 여섯 번의 철인3종 경기에 참가했습니다. 이지선씨를 통해 연락을 취해 온 가수 션 씨와는 마라톤 대회와 철인3종 경기도 함께 나가게 되었습니다.

처음에는 눈물로 달렸다면 이제는 또 다른 웃음과 감사로 달리고 있습니다. 이제는 함께 달리는 가족들이 많이 생겼기 때문입니다. '은총이의 희망 놀이터'라는 이름의 재능기부 콘서트가 열리고, '하나님을 자랑하자'란 뜻의 은총이를 후원하는 '하자'팀은 마라톤마다 함께 참석하여 달리고 있습니다.

은총이 아빠는 이렇게 말합니다.

"우리 은총이는 얼굴도 모르는 분들로부터 많은 사랑을 받았습니다. 저희가 받은 조건 없는 사랑을 다른 이들에게도 나누는 것이 마땅합니다. 은총이에게 돈보다는 '사람'을 남겨 주고 싶습니다. 혼자서는 힘들겠지만, 함께하면 할 수 있을 것이라 믿습니다. 저는 제자리에서 열심히 나누며 살아갈 것입니다. 제가 걷는 한걸음 한걸음이 주님을 향한 예배가 되었으면 좋겠어요. 그 안에 예수님을 믿지 않는 분들이 많을 텐데, 우리 아이가 예수님의 향기가 되었으면 좋겠어요. 저는 주님께서 세워 주신 '은총 아빠'라는 직업을 가지고 열심히 살 것입니다."

은총이 아빠가 은총이에게 쓴 시를 소개합니다.

'은총이에게'

너의 웃음이
나의 웃음이 되고
나의 꿈이 되어
그 웃음을
그 꿈을
내 목숨을 다해 지켜 줄게.
내 목숨을 다해서…
사랑해서 너무나 사랑해서…
하나님이 주신 최고의 선물, 은총아…
못난 아빠가 끝없이 언제까지나 사·랑·한·다.
우리 주님은 아들인 나의 행복과 꿈을 위해서
모든 영광, 보좌 버리고 이 땅에 오셔서
나를 위해 죽기까지…
그 마음을 발끝만큼이라도 닮기를 꿈꾸며….

마리 컬링이 이런 이야기를 한 적이 있습니다.

내 삶이 초라하게 느껴질 때마다 나는 잠시 멈추어 서서 어린 소년 제이미 스코트를 생각합니다.

제이미는 연극에서 배역을 맡게 되기를 간절히 바라며 한 대사를 연습하고 있었습니다. 그의 어머니는 그에게 배역이 주어지지 않을지도 모른다고 염려스럽게 내게 말했습니다. 배역이 결정되던 날, 나는 제이미를 데리러 그의 어머니와 함께 학교에 갔습니다.

제이미는 자랑스러움과 흥분으로 눈을 반짝이며 어머니 품에 달려와 안겼습니다. 그리고는 '엄마, 어떻게 됐는지 아세요?'라고 외쳤습니다. 그리고 내 삶의 교훈이 된 말을 했습니다.

'손뼉 치면서 환호해 주는 역할을 하도록 제가 선택되었어요!'

나의 감사 찾기

_____

_____

_____

_____

_____

_____

_____

_____

오직 나는 야훼를 우러러보며 나를 구원하시는 하나님을 바라보나니 나의 하나님이 나에게 귀를 기울이시리로다

(미가 7장 7절)

어느 목회자의
열 가지 감사

감사가 감사를 낳습니다. 감사의 미소를 지으십시오.
그러면 세상이 나와 더불어 감사의 미소를 지을 것입니다.

지난 2012년 말, 아름다운동행 감사운동추진위원회의
'감사 이야기' 첫 공모전에서 대상을 받은 광주초대
교회 최병갑 목사님의 '10가지 감사제목'을 소개합니다.

"주님! 미말의 종에게 긍휼을 베푸시어 남은 평생 감사의 제단
에 감사의 향유를 올리게 하옵소서. 주님, 감사하고 감사하며 또
감사합니다.

부족한 종, 어리석은 종, 부덕한 종, 부정한 종, 불미한 종이 그
동안 방자하게만 살았습니다. 얼마나 못나고 철이 없었던지 나이
60이 넘어서야 진정한 감사를 아주 조금이지만 깨닫도록 성령님
께서 도우셔서 10가지로 우선 감사드립니다.

10가지 감사

1. 진실하지 못했음을 깨닫게 하셨으니 감사합니다.
2. 감사하지 못했음을 깨닫게 하시니 감사합니다.
3. 게으른 종이었음을 깨닫게 하시니 감사합니다.
4. 무익하고 허탄한 종이었음을 깨닫게 하시니 감사합니다.
5. 진실한 회개를 하지 못했음을 깨닫게 하시니 감사합니다.
6. 주님의 긍휼을 깨닫게 하셨으니 감사합니다.
7. 의를 이루는 기도를 못했음을 깨닫게 하시니 감사합니다.
8. 심령이 가난하지 못했음을 깨닫게 하시니 감사합니다.
9. 이웃을 살피지 못했음을 깨닫게 하시니 감사합니다.
10. 그럼에도 이 종을 기억하사 늘 은혜 안에 두셨으니 감사합니다."

항상 겸손하고 너그럽고 감사하는 사람 곁에 있으면 따스한 온기를 느끼게 됩니다. 최 목사님의 '10가지 감사제목'을 읽으면서, 마음으로부터 솟아나는 훈훈한 감동이 전해져 옵니다. 그리고 그 제목들이 바로 나의 감사제목인 것을 깨달았습니다. 감사드립니다.

감사가 감사를 낳습니다. 감사의 미소를 지으십시오. 그러면 세상이 나와 더불어 감사의 미소를 지을 것입니다. 무슨 일이 있어도 '괜찮아' 하고 말하십시오. 그리고 감사할 제목을 찾아 감사하십시오.

당신은 다음 두 그룹 중에서 어느 쪽에 소망을 두고 있습니까?

하나님과 그리스도, 성령, 은혜, 영광, 거룩, 하늘나라에 소망을 두고 있습니까? 아니면 돈과 쾌락, 명성, 집, 소유, 토지 등 눈에 보이는 것들에 소망을 두고 있습니까?

이 세상에 소망을 두고 살아간다면, 당신은 불평과 불만이 넘쳐날 것입니다.

하늘나라에 소망을 두고 살아간다면, 당신은 감사가 넘쳐날 것입니다.

하늘나라에 소망을 두는 자들을 '그리스도인'이라 합니다.

나의 감사 찾기

_____

_____

_____

_____

_____

_____

_____

_____

_____

_____

근심하지 말라 야훼로 인하여 기뻐하는 것이 너희의 힘이니라 (느헤미야 8장 10절)

내 인생을 변화시킨 '감사'

감사한 마음을 표현하다보니 점차 생각이 긍정적으로 변해갔고,
상대의 말을 귀담아 들으면서 행동하기 전에 한 번 더 생각해 볼 수 있었습니다.

육군교도소에서 복역하던 한 재소자가 출소하면서 아름다운동행 감사운동본부에 감사편지를 보내왔습니다. 이 청년은 '감사 나눔 콘서트'를 통해 변화의 계기를 마련하게 되었다고 합니다. 육군교도소 허원희 군목을 통해 보내온 이 감사편지를 소개합니다.

저는 군 생활을 견디지 못하고 휴가 중 무단이탈해 2013년 8월 육군교도소로 오게 되었습니다. 낯설고 두려운 교도소에 발을 딛게 된 저는 스스로에게 좌절해 있었고, 부끄러웠으며, 자존감은 바닥으로 뚝 떨어져 있었습니다.

교도소에 온 첫날부터 사람들과 지내는 것이 불편했고, 혼자

숨어있고 싶었습니다. 또한 규칙적이고 단순한 생활 속에서 점차 모든 것들이 귀찮고 싫어졌습니다. 항소심 재판을 준비해야 하는데 할 수가 없었습니다. 부대로 돌아가든, 사회로 나가든 도무지 잘 해나갈 마음이 생기지 않았기 때문입니다. 불안과 부정의 늪에서 허우적대며 방황하는 나날의 연속이었습니다.

이러한 나에게 변화를 준 것은 '감사 나눔 콘서트'였습니다. 교도소 생활에 도대체 감사할 만한 게 뭐가 있겠는가 생각하다 찾아낸 감사가 이것이었습니다.

"잘못한 자식과의 20분 짧은 면회를 위해
 6시간을 오고 가는 부모님께 감사!"

"따뜻한 아침 햇살을 볼 수 있고 건강함에 감사!"

전부터 '감사'라는 말을 알고는 있었지만 제대로 표현 못하며 살고 있었다는 것을 ('느꼈다'기보다는) '깨닫게' 되었습니다.

그래서 감사 노트에 하루하루 감사한 것을 한 개, 두 개 적어보았습니다. 사소하지만 감사하다고 생각되는 것들을 적기 시작했습니다.

그렇게 감사한 마음을 표현하다보니 점차 생각이 긍정적으로 변해갔고, 상대의 말을 귀담아 들으면서 행동하기 전에 한 번 더 생각해 볼 수 있었습니다. 대인관계가 원만해졌고, 무엇보다도 스스로를 존중하고 사랑하게 되었습니다. 자신을 아끼고 존중할 수 있어야 상대방도 이해하고 배려할 수 있겠구나 하고 깨닫게 되었습니다.

삶을 포기하려 했고, 이로 인해 부정적이고 자신감이 없던 나는 점차 남들에게 자신의 이야기를 할 수 있고 긍정적인 생각과 희망, 꿈을 가슴에 품고 살아갈 수 있게 되었습니다.

이렇게 된 데에는 '감사'라는 두 글자가 있었습니다. 오늘도 군 생활에 적응하지 못해 힘든 시간을 보내는 나와 같은 친구들이 있을 것이라고 생각합니다. 그런 사람들은 부디 이 글을 통해 다시 한 번 생각하는 시간을 가졌으면 합니다.

작지만 감사하는 습관을 가진다면 저 같은 어리석음을 저지르지는 않을 것입니다. '감사'로 '새로운 희망'을 발견할 수 있기를 바랍니다.

아프리카의 위대한 선교사 데이빗 리빙스톤(D. Livingstone)은 말년에 옥스퍼드 대학에서 명예박사 학위를 받게 되었습니다. 학위 수여식에 앞선 예배 시간에 리빙스턴은 학생들 앞에서 자신의 경험담을 얘기하고 있었습니다.

'무덥고 짜증만 나는 한낮이 계속되고, 춥고 소름끼치는 그 많은 밤 동안 자신과의 싸움을 계속했으며, 온갖 짐승의 공격으로 당한 고통도 이만저만이 아니었다.'는 리빙스턴의 말에 많은 학생들이 고개를 끄덕이고 있었습니다. 사실 그의 오른 팔은 사자의 공격으로 불구가 되어 있었습니다.

연설을 마치자, 한 학생이 손을 들고 일어섰습니다. "선생님으로 하여금 아프리카 생활을 잘 이겨 내도록 한 비결이 있었다면 무엇이었습니까?"

리빙스톤은 잠시 생각에 잠기더니 입을 열었습니다. "비결은 아무것도 없었습니다. 그저 '내가 세상 끝 날까지 너희와 항상 함께 있으리라'하신 예수님의 말씀과 그분의 십자가가 나를 끝까지 붙들어 주었을 뿐입니다."

나의 감사 찾기

_____

_____

_____

_____

_____

_____

주께서 너희를 우리 주 예수 그리스도의 날에 책망할 것이 없는 자로 끝까지 견고하게 하시리라
(고린도전서 1장 8절)

"무슨 일에든지 주께서 기뻐하시는 대로 나를 사용하소서.
주께서 나로 더불어 하시는 일은 무슨 일이든지
선하신 일이 되기 때문입니다.
주께서 나에게 편안함을 주시든 고난을 주시든
모두가 주의 뜻이니이다."

토마스 아 캠퍼스

3부

생명으로 인도하는 고난

고통 속에
부르는 '노래'

하나님이 어떻게 살다 왔냐고 물으시면
'병든 아내를 돌보고 왔습니다'라고 대답했을 때,
'너 정말 언약을 지켰구나, 착하고 충성된 종아'라는 이야기를 듣고 싶습니다.

우는 자와 함께 울라고 말씀하셨습니다. 고통 중에는 따뜻한 가슴으로 서로를 보듬어 주며, 함께 흘리는 눈물은 고통의 짐을 나누어지는 사랑입니다. 어려움 속에 있는 이웃에게는 따뜻한 위로가 필요하고, 재난 앞에서는 고통을 함께 나누어야 합니다.

함께 아파하며 울고, 먼 곳에서도 작은 도움의 손길을 제공하고자 달려오는 이들이 있기에, 고난 중에서도 희망을 꿈꾸고 마음 한구석에 따스함이 전해져서 희망의 불씨를 살릴 수 있습니다.

이제, 그 아픔과 슬픔을 위로하며 노래를 부르기 원합니다. 슬픔을 따뜻하게 보듬어 주고 위로를 줄 수 있는 노래를 부르려 합니다. 그리고 그들의 손을 잡고 함께 더 큰 희망의 빛으로 나아갔으면 좋겠습니다.

'난 당신이 좋아' 그리고 '바람 불어도 좋아'라는 제목의 책을 낸 김병년 목사님은 농촌에서 태어나 한 여름에 농촌봉사활동을 온 대학생들의 풍금소리에 끌려 처음 교회에 발을 내딛게 됩니다. 대학생 때, 선교단체인 IVF에 들어가 인격적인 회심을 한 후 15년간 간사로 섬기다가 서른한 살에 아내를 만나 결혼을 했습니다. 개척교회를 시작한 지 4개월이 된 2005년 8월, 셋째 아이를 낳은 아내가 갑자기 뇌경색으로 쓰러지고 더 이상 움직이지 못합니다. 이렇게 신경이 마비된 아내와 세 아이를 돌보며, 교회 사역을 병행하고 있는 목사님은 고난의 날들로 인해 눈물의 목회를 하고 있지만 주 안에서 꿈과 희망을 가지고 살아갑니다.

김병년 목사님은 이렇게 고백합니다.

"우리는 흔히 태풍이 불 때 바람이 분다고 말합니다. 하지만 바람은 매일 불고 있습니다. 고난도 마찬가지입니다. 바람의 강도가 내 삶을 결정하지 않는 것처럼 고난도 그렇습니다. 이렇게 긍정적으로 생각하면서부터 고난이 없어져야 한다는 생각도 사라졌습니다. 진정한 믿음은 고통을 없애는 것이 아니라 고통에도 불구하고 '절대감사' '절대긍정'의 믿음으로 걸어가는 것입니다. 하나님이 어떻게 살다 왔냐고 물으시면 '병든 아내를 돌보고 왔습니다'라고 대답했을 때, '너 정말 언약을 지켰구나, 착하고 충성된 종아' 라는 이야기를 듣고 싶습니다."

　고통 속에서도 의연하게 삶을 꾸려나가며 절대감사와 절대긍정의 믿음으로 살아가는 김병년 목사님과 더불어 오늘 고통 속에도 희망의 내일을 바라보며 노래를 함께 불러 봅니다.

우리는 흔히 태풍이 불 때 바람이 분다고 말합니다.

하지만 바람은 매일 불고 있습니다.

고난도 마찬가지입니다.

바람의 강도가 내 삶을 결정하지 않는 것처럼

고난도 그렇습니다.

내 등에 짐이 없었다면 나는 세상을 바로 살지 못했을 것입니다.

내 등에 있는 짐 때문에 늘 조심하며 바르고 성실하게 살아왔습니다.

이제 보니 내 등의 짐은 나를 바르게 살도록 한 귀한 선물입니다.

내 등에 짐이 없었다면 나는 아직도 미숙하게 살고 있을 것입니다.

내 등에 있는 짐의 무게가 내 삶의 무게가 되어 그것을 감당하게 하였습니다.

이제 보니 내 등의 짐은 나를 성숙시킨 귀한 선물이었습니다.

나의 감사 찾기

_____

_____

_____

_____

_____

_____

_____

_____

_____

_____

그러므로 너희가 그리스도 예수를 주로 받았으니 그 안에서 행하되 그 안에 뿌리를 박으며 세움을 받아 교훈을 받은 대로 믿음에 굳게 서서 감사함을 넘치게 하라

(골로새서 2장 6~7절)

'감사의 점'들이
이루는 걸작

자신을 '감사부자'라 말하며, 시각장애인이 된 것이 살아가는 데는 불편하지만
삶 전체를 놓고 봤을 때 오히려 '복'이었다고 고백합니다.

오늘은 꿈꾸는 사람 신인식 목사의 무한도전과 무조건적인 감사가 그려낸 아름다운 걸작을 소개하고자 합니다.

그는 네 살 무렵 넘어져서 이마를 다쳤는데 그 이후로 시력이 급격히 나빠지더니 급기야 전혀 볼 수 없게 되었습니다. 이러한 시각장애라는 고난에도 좌절하거나 원망하는 대신 자신이 할 수 있는 일들을 찾기 시작했습니다. 가난했던 집안에 보탬이 되기 위해 여러 가지 아르바이트를 했습니다.

그 중에는 시각장애인이 할 수 없다고 여겨지는 일들도 있습니다. 신문배달이 그중 하나입니다. 처음 신문을 배달 해 보려고 신문사를 찾아갔을 때는 '장님이 와서 헛소리를 한다'며 쫓겨났지

만 그는 다음 날 또 가고 그 다음 날 또 찾아 갔습니다. 일주일이 지난 후 그는 월급을 받지 않고 일하겠다고 사정한 후에야 150 집을 배정받을 수 있었습니다. 그런데 사람들의 염려와는 달리 150 집의 위치와 각 집의 대문과 담의 특징을 3일 만에 모두 외워 버리고 그 다음 날부터 혼자서 신문배달을 세 시간 만에 끝내 버렸습니다. 그는 신문배달을 6개월이나 했는데 시각장애인이 앞을 보는 사람처럼 신문배달을 한다고 소문이 나서 텔레비전에 방영이 되기도 했었습니다.

그에게 또 한 번 절망적인 고난이 찾아왔습니다. 초등학교 6학년 때 폐결핵 말기로 6개월 시한부 생명을 선고받은 것입니다. 그런 그가 고난을 이겨 낼 수 있었던 힘은 바로 기쁨과 감사였습니다. 6개월 시한부가 1년을 넘기고 4년이 지나던 어느 날 의사로부터 '완치' 판정을 받았습니다. 담당 의사도 '기적'이라고 이야기하며 놀라고 기뻐했습니다. 그 이후 그는 하루하루를 무조건적인 감사로 살았습니다.

그는 감사의 힘으로 시각장애인들에게 복음을 전하고 그들의 삶의 질 향상을 위해 노력해 오고 있습니다. 현재 그의 대표적인 사역은 신문과 잡지를 음성 서비스로 제공하는 '종달새 전화도서관'을 만들어 시각장애인들을 섬기는 것입니다. 1994년에 개관한 종달새 전화도서관은 세계 최초의 무형 도서관으로 특허를 받았고, 전국의 일간지와 웹 사이트 정보를 전화로 들을 수 있도록 서

비스하고 있습니다. 자신을 '감사부자'라 말하며, 시각장애인이
된 것이 살아가는 데는 불편하지만 삶 전체를 놓고 봤을 때 오히
려 '복'이었다고 고백합니다.

"어떤 상황에 처하더라도 감사와 기쁨의 마음을 잃지 마세요.
찾지 못했을 뿐이지 기뻐하고 감사할 일들은 사방에 널려 있습니
다. 하나에 감사하고 기뻐하면 열을 얻게 됩니다. 세상의 모든 것
들은 서로 닮은 것들을 끌어들입니다. 감사와 기쁨은 더 큰 감사
와 기쁨을 불러들입니다."

그는 비록 앞을 볼 수는 없지만, 감사와 기쁨으로 세상을 밝게
비추는 찬란한 걸작인생을 만들어 가고 있습니다.

지난 일들을 떠올려 보니 기쁨의 시간들의 연속이었지만 힘든 시간도 있었습니다. 그런데 그 힘든 시간은 소중한 가치들을 새롭게 발견할 수 있게 했습니다. 그 역경의 시간을 인내와 감사로 이겨 냈기에 더욱 단단해지고 성장한 자신을 만날 수 있게 됩니다.

감사하면 할수록 별다른 관심을 주지 않았던 것들이 눈에 들어오기 시작했고, 그것은 더 큰 감사를 불러왔습니다. 그리고 겨울 뒤에 봄을 맞이하며 그 따사로운 햇살의 고마움을 알듯이 비로소 모든 것이 행복의 순간으로 찾아왔습니다. 작은 것들에 감사하며 '감사의 점'을 찍어가다 보니 '감사의 선'이 만들어져서, 한 해를 마무리하는 지금에는 어느덧 근사한 그림이 되어 가고 있습니다.

어떤 상황에 처하더라도

감사와 기쁨의 마음을 잃지 마세요.

찾지 못했을 뿐이지

기뻐하고 감사할 일들은 사방에 널려 있습니다.

하나에 감사하고 기뻐하면 열을 얻게 됩니다.

하루살이는 하루만 살 수 있습니다. 그런데 하루 종일 비가 올 때가 있습니다. 얼마나 불행한 인생입니까? 그래도 그들은 하루를 열심히 살아간다고 합니다.

하루살이로서 살아갈 시간이, 사랑할 시간이 얼마 남아 있지 않은데 비가 오면 어떻습니까? 주어진 생명의 시간을 조금도 소홀히 할 수 없습니다. 빗속에서도 열심히 살고 사랑해야 하는 것입니다. 우리도 하루살이를 생각하면서 감사한 마음으로 오늘을 열심히 살아갈 지혜가 필요합니다.

나의 감사 찾기

_____

_____

_____

_____

_____

_____

_____

_____

_____

_____

_____

_____

주 야훼는 나의 힘이시라 나의 발을 사슴과 같게 하사 나를 나의 높은 곳으로 다니게 하시리로다
(하박국 3장 19절)

'카타콤'에서 지켜 낸
믿음, 그리고 소망

죽음과 아주 가까운 곳에 살았기에 그만큼 그리스도를 가까이 느끼면서
살아갈 수 있었기 때문입니다. 죽음 앞에서도 영원한 하나님 나라의 소망으로 인해
빛났고 죽음 너머로 걸어가는 발길은 당당하고 자랑스러웠습니다.

'카타콤'은 초대 교회의 그리스도인들이 로마인들의 박해를 피해 숨었던 지하 공동묘지입니다. 원래 이 곳은 시신을 안치하기 위해 바위를 뚫어 만든 묘지였으나, 피난한 그리스도인들의 보금자리이며 피난처가 되었고 그러다 보니 결국 은 피난처로 모여든 그리스도인들의 지하 교회가 되었습니다. 수 많은 그리스도인들이 콘스탄틴 황제가 313년 밀라노 칙령을 발표 하기까지 거의 280년 이상을 이 지하 공동묘지에서 살았다니 참 으로 기가 막힌 일이 아닐 수 없습니다.

1854년 카타콤이 본격적으로 발굴되었는데, 그 이후로 발견 된 로마의 카타콤은 모두 120개이며 지하 동굴의 총 연장은 900 ㎞에 이릅니다. 구조는 지하 10~15m의 깊이에 대체로 폭 1m 미만, 높이 2m 정도의 통로를 종횡으로 뚫었으며 계단을 만들어 여러 층으로 이어져 있습니다. 그 당시 그리스도인들의 삶을 표현해주는 아주 소중한 장소입니다. 상상만 해도 고개가 숙여지고 옷깃을 여미게 하는 놀라운 현장입니다.

이들 카타콤의 그리스도인들은 '익투스' 라는 암호를 썼는데, 이는 물고기를 의미하지만 '권능자'를 뜻하기도 합니다. 그래서 물고기를 그리며 서로 그리스도인임을 확인하였습니다. 이 지하 동굴에 묻힌 시신이 200만 구라고 합니다. 예수님 당시 로마의 인구가 100만이었던 것을 생각하면 얼마나 오랜 세월 동안 그리스도인들이 이렇게 지하동굴에서 믿음을 지켜 낸 모습을 가늠할 수 있습니다. 놀라운 숫자이고 엄청난 규모입니다.

터키의 갑바도기아 지역에도 엄청난 규모의 카타콤이 있습니다. 끝까지 내려가면 다시 올라올 수 없기 때문에, 지금은 지하 7층까지만 갈 수 있도록 해 놓았습니다. 중간에 십자가 형태로 파서 만든 예배당이 있는데, 그곳에 들어서는 사람들마다 눈시울을 적시지 않을 수 없습니다.

이들은 예수를 믿는다는 한 가지 이유로 집과 재산 등 모든 것을 포기하고 박해를 피해 지하 공동묘지로 숨어들었습니다. 이곳에서 평생을 보냈습니다. 온 몸에 문둥병이 걸리고 호흡기 질환을 비롯한 각종 질병들에 늘 시달리며, 햇빛을 보지 못해 거의 시각장애인이 되었습니다. 약 10평 정도의 땅에서 400명이 모여 찬송을 하였고, 전염병이 돌면 삼분의 일은 죽어 나갔습니다. 탁한 공기와 영양 부족 때문에 오는 성장 발육저하(평균키 130㎝)를 감수하며 대대로 무덤 속에서 살아야 했던 것입니다.

이들 그리스도인들은 어떻게 그 장구한 세월을 믿음을 지키며 지하묘지에서 보낼 수 있었을까요? 어떻게 그곳에서 평생을 살 수 있었을까요? 어떻게 그곳에서 절망하지 않고, 찬송하며 기도할 수 있었을까요?

그들의 삶은 단순하고 겸손했습니다. 오직 하늘나라의 소망만을 바라보았습니다. 오히려 그들은 감사했습니다. 죽음과 아주 가까운 곳에 살았기에 그만큼 그리스도를 가까이 느끼면서 살아갈 수 있었기 때문입니다. 죽음 앞에서도 영원한 하나님 나라의 소망으로 인해 빛났고 죽음 너머로 걸어가는 발길은 당당하고 자랑스러웠습니다.

카타콤 지하무덤 속에서 죽어 간 수많은 우리 믿음의 선배들은 축복받은 사람들입니까? 카타콤의 그 길이 승리의 길이 맞습니까? 그렇다면 오늘의 우리는 축복받은 사람들이 맞습니까? 지금 우리는 승리의 그 길을 걷고 있습니까?

마음의 묵상

영국의 문호 루이스(C. S. Lewis)에게는 살이라 도 베어 줄 수 있는 가까운 친구 찰스 윌리엄스가 있었습니다. 그런데 이 친구가 먼저 죽음을 맞게 되 었습니다. 루이스는 친구의 장례식 조사에서 이렇게 말했습니다.

"이제 천국은 무척 가까워졌습니다. 멀리 생각되던 천국이 이젠 이웃집이 되었습니다. 그곳에 내 친구 찰스가 있으니, 얼마나 가까운 곳입니까?"

그런데 찰스가 죽은 지 1년도 못되어 이번에는 그의 아내 조이(Joy)가 세상 을 떠났습니다. 루이스 부부는 금실이 좋기로 유명했습니다. 그토록 사랑하 던 아내와 사별하게 된 것입니다. 루이스는 일기에 다음과 같이 적었습니다.

"이제 천국은 내 집처럼 가까워졌다. 아내 조이와 친구 찰스가 있으니 그 곳이 바로 내 집이 아닌가!"

나의 감사 찾기

오히려 너희가 그리스도의 고난에 참여하는 것으로 즐거워하라 이는 그의 영광을 나타내실 때에 너희로 즐거워하고 기뻐하게 하려 함이라
(베드로전서 4장 13절)

야훼는 긍휼이 많으시고 은혜로우시며

노하기를 더디 하시고 인자하심이 풍부하시도다

자주 경책하지 아니하시며

노를 영원히 품지 아니하시리로다

우리의 죄를 따라 우리를 처벌하지는 아니하시며

우리의 죄악을 따라 우리에게 그대로 갚지는 아니하셨으니

이는 하늘이 땅에서 높음같이

그를 경외하는 자에게 그의 인자하심이 크심이로다

동이 서에서 먼 것같이

우리의 죄과를 우리에게서 멀리 옮기셨으며

아버지가 자식을 긍휼히 여김같이

야훼께서는 자기를 경외하는 자를 긍휼히 여기시나니

이는 그가 우리의 체질을 아시며

우리가 단지 먼지뿐임을 기억하심이로다

(시편 103편 8~14절)

천부적 테너
이인범의 '범사 감사'

배를 저어가자 험한 바다물결 건너 저편 언덕에
산천 경개좋고 바람 시원한 곳 희망의 나라로
돛을 달아라 부는 바람 맞아 물결 넘어 앞에 나가자
자유 평등 평화 행복 가득한 곳 희망의 나라로

현제명 작사 작곡의 '희망의 나라로'의 1절 가사입니다. 저는 어릴 적에 이 노래를 한국 최고의 테너로 꼽히는 고 이인범 교수의 목소리로 많이 들었습니다. 그의 맑고 올곧게 뻗어 나가는 '희망의 나라로' 목소리는 많은 이들의 기억 속에 살아 최고의 찬사를 받았습니다.

제가 그를 기억하는 특별한 이유는 온전한 신앙의 힘으로 인생의 역경을 극복한 이야기가 있기 때문입니다.

평양북도 용천의 장로교 목사의 아들로 태어난 이 교수는 당시 서양 선교사들의 영향으로 어려서부터 음악을 접해 중학교 시절부터 두각을 나타내며, 일본 고등음악원으로 유학을 떠나게 됩니다. 유학 중 일본 마이니치 신문사가 주최한 전일본음악콩쿠르 성악부에서 수석 입상을 합니다. 이듬해 도쿄에서 열린 기념독창회에서 '천부의 미성과 음악적 재질을 가진 당대의 독보적인 테너'라는 평가를 받게 됩니다. 유학을 마치고 귀국한 그는 서울교향악단 성악부 단원이 되어 국민개창운동에 앞장섰고 한국 오페라의 주역으로 활동하였습니다.

그 무렵 일생일대의 사건이 일어나게 됩니다. 1953년 10월 어느 주일, 그의 아내가 셋집 부엌에서 석유곤로를 다루다 화재가 났고, 황급히 곤로를 밖으로 들고 나오던 그는 얼굴과 목, 어깨 부분에 심한 화상을 입게 되었습니다. 이 사고로 그의 얼굴 한쪽은 심하게 일그러지고, 코와 입은 비뚤어져 소리를 낼 수도 없고, 무대에 설 수도 없게 됩니다. 30대 후반의 젊은 나이였던 그는 절망에 빠졌습니다. 일본의 유명한 병원에서 성형수술을 받기도 했지만, 전성기 때의 준수한 얼굴과 목소리를 되찾는 것은 불가능했습니다.

그는 거기에 주저앉지 않고 3년이라는 어두운 시간 속에서 신앙의 힘으로, 피를 토하는 각고의 노력으로 다시 일어섰습니다. 표가 매진될 만큼 대중의 많은 관심 속에서 3년 만에 '이인범 재기 독창회'가 열렸습니다. 그 무대에 올라간 이인범 교수는 이렇게 말했습니다.

"악단에서 나의 존재가 사라진 지 3년, 이 추한 모습을 하고 음악을 할 것인가, 아주 단념해 버리고 말 것인가, 표현할 수 없는 고난과 탄식 속에서 방황하며 싸워 왔습니다. 그러나 그 불행한 시간 속에서도 노래를 부르는 것이 나의 유일한 낙이었으며, 불우한 환경을 망각할 수 있는 길이었기 때문에, 내 외양은 변하였으나 음성은 되찾았다는 데에 감사하며 노래를 부르겠습니다."

이인범 교수는 화상을 당한 이후 '범사에 감사하라'는 말씀을 벽에 붙여 놓고 살았다고 합니다. 범사에 감사하는 마음을 가지고 인생을 살아가는 것은 매우 소중한 일입니다. 이러한 '범사의 감사'가 또 다른 이들에게 감동으로 다가가기를 기대해 봅니다.

마음의 묵상

비극 없는 인생이 있을까요? 그런 인생은 없습니다. 인생의 본질은 비극입니다. 인간은 본질적으로 비극적 존재입니다. 분노보다는 상처, 기쁨보다 슬픔, 햇빛보다는 그늘, 평안보다는 고통. 그 상처와 슬픔과 그늘과 고통을 받아들이는 과정에서 기쁨과 희망과 평화와 감사를 바라보게 됩니다.

인생이라는 먼 길을 상처 없이 걸어가는 사람은 아무도 없습니다. 오히려 그 상처와 고통이 큰 힘이 됩니다. 믿음 안에서 그 고통은 소망으로 감사로 바뀌어져 가는 것입니다. ✔

나의 감사 찾기 _____

_____

_____

_____

_____

_____

_____

_____

_____

_____

_____

_____

주의 성도들아 야훼를 찬송하며 그의 거룩함을 기억하며 감사하라 (시편 30편 4절)

풀빵 엄마의
간절한 기도

"하나님, 제가 살아야 하는 것은 제 욕심이 아닙니다. 우리 아이들에 대한 책임이며 의무입니다. 하나님, 앞으로 인한 이 고통을 평생 지고 가도 좋으니까 아이들과 함께만 있게 해 주세요."

지난 2009년 5월 8일 어머니날에 'MBC 휴먼다큐 사랑'에서 방영됐던 '풀빵 엄마' 이야기입니다.

풀빵 장사를 하면서 근근이 생계를 꾸려가고 있는 최정미 씨는 서른여덟 살의 싱글맘입니다. 그는 척추장애를 가지고 태어났고 거기다 소아마비를 앓아 한쪽 다리를 저는 1급 장애인입니다. 그에게는 여덟 살 딸 은서와 여섯 살 아들 흥현이 있습니다. 우여곡절 끝에 결혼을 했는데, 남편은 둘째가 태어나던 해에 가출해 버렸습니다. 그는 하루 종일 풀빵 장사를 해야 했기 때문에 일주일 중 5일은 아이들을 탁아소에 맡기고, 금요일 밤이 돼서야 아이들을 찾아오는 고단하고 마음 무거운 삶을 수년간 살아왔습니다.

최정미 씨는 독실한 크리스천이었습니다. 고달픈 생활 속에서도 그는 아이들과 웃으며 행복한 삶을 이어가고 있었고, 두 아이와 함께 행복한 삶을 주신 하나님께 감사의 기도를 드리곤 했습니다.

그런 최정미 씨에게 2007년 위암 말기 판정이 내려졌습니다. 하늘이 무너져 내리는 듯한 절망과 아픔 속에서도 그는, 어린 아이들을 홀로 남겨 두고 자신이 죽으면 안 된다는 절박한 심정으로 암수술을 받았습니다. 그는 항암치료를 받으면서도, 한겨울의 추위 속에서도 풀빵 장사를 계속해야 했습니다. 풀빵 장사가 유일한 생계 수단이었기 때문입니다.

그녀는 순간순간 하나님께 기도했습니다.

"하나님, 제가 살아야 하는 것은 제 욕심이 아닙니다. 우리 아이들에 대한 책임이며 의무입니다. 하나님, 암으로 인한 이 고통을 평생 지고 가도 좋으니까 아이들과 함께만 있게 해 주세요."

여덟 살짜리 딸 아이 은서도 탁아소의 아이들이 모두 잠든 것을 확인하면 늘 일어나 엄마를 위해 기도합니다. 울면서 기도합니다.

"하나님, 우리 엄마, 이제 더 이상 병원에 다니지 않게 해 주세요. 하루 속히 엄마가 나아서 우리 세 식구 함께 모여서 살게 해 주세요."

그런데 이게 웬일입니까? 수술한 지 4개월 만에 재발했습니다. 암세포가 임파선과 복막으로 전이됐으며 급기야 복수까지 차올라 식사는커녕 항암주사를 맞을 수도 없는 상태가 되었습니다. 하지만 최정미 씨는 아이들의 해맑은 미소를 떠올리며 '아이들이 스무 살이 될 때까지는 살아남겠다'며 삶에 대한 강한 의지를 보였습니다. 그리고 더욱 간절히 하나님께 기도하며 매달렸습니다.

"하나님, 제발 목숨만은 지금 거두어 가지 마세요. 아이들이 스무 살이 될 때까지만 목숨을 연장시켜 주세요. 하나님, 저 불쌍한 아이들을 생각해서라도 생명을 연장시켜 주세요."

설날 최정미 씨는 떡국을 끓여 아이들과 함께 밥상에 앉았습니다. 아이들은 오랜만에 엄마와 함께 하는 식사시간이 마냥 즐겁기만 합니다. 하지만 그는 세 번째 항암치료를 받고 있는 중이었고, 이미 암이 온 몸에 퍼져서 그 떡국을 목으로 넘길 수가 없습니다. 어린 딸 은서와 어린 아들 홍현이가, '떡국이 맛있으니까 엄마도 어서 먹으라'고 하면서 엄마의 입에 떡국을 한 숟갈씩 떠서 넣어 줍니다. 최정미 씨는 아이들이 엄마의 입에 떠 넣어 준 떡국을 씹으며 그만 눈물을 터뜨렸습니다. 그런 아이들을 두고 먼저 떠나야 하는 자신의 현실을 생각하며 펑펑 눈물을 흘렸습니다. 자기가 먼저 떠나면 아무도 그 아이들을 돌보아 줄 사람이 없다는 것을 그 누구보다 잘 알고 있기 때문입니다. 아이들도 그런 엄마를 끌어안고 함께 엉엉 웁니다.

결국 2009년 7월 30일, 하나님은 최정미 씨를 불러 가셨습니다. 하나님께서는 그의 간절한 기도에 침묵하셨습니다. 여러분

은 이럴 때 어떻게 하시겠습니까? 그러나 최정미 씨는 임종을 앞두고 자주 기쁨과 감격의 눈물을 펑펑 흘리면서 이렇게 말했다고 합니다.

"나는 우리 아버지 집으로 갑니다. 고통도 없고 병도 없고 영원한 평안과 안식이 있는 아버지 집으로 갑니다. 우리 아이들은 아버지께서 지켜 주실 것입니다. 나는 하나님으로 충만합니다. 하나님의 영광이 내 영혼을 가득 채웁니다."

최정미 씨는 또 거의 임종 직전에 자신의 상태를 체크하러 들어와 위로하는 의사에게 이렇게 말을 했다고 합니다.

"선생님, 예수 믿으세요? 안 믿으시지요? 큰일 났네요. 내가 이 암에서 낫는 것보다 선생님이 예수 믿는 것이 더 급합니다. 나는 죽으면 하나님께로 갈 것이지만, 선생님은 예수 믿지 않으면 구원받지 못하여 영원히 멸망하게 될 것이기 때문입니다. 선생님, 예수를 믿으셔야 합니다."

만일 하나님께서 하나님 나라의 영원한 평안과 안식을 포기하면, 이 땅에서의 쾌락과 행복을 주겠다고 약속하신다면 여러분은 어떤 선택을 하시겠습니까? 하나님 나라의 영원한 행복을 택하시겠습니까? 아니면 이 땅에서 잘 먹고 잘 사는 것을 택하시겠습니까? 둘 다 택하고 싶다고요? 그건 불가능합니다.

스코틀랜드 에딘버러에 가면 기독교인을 박해했던 영국의 메리 여왕 시절에 만들어진 독특한 감옥이 있습니다. 이 감옥은 사방 140cm 높이의 낮은 돌담으로 둘러싸여 있고 지붕이 없습니다. 그래서 마음만 먹으면 얼마든지 담을 넘어 도망갈 수 있습니다.

메리 여왕은 한 젊은 부부와 어린 세 자녀를 그곳에 가두고 말했습니다.

"신앙을 지키겠다면 그 안에서 죽으라. 하지만 언제든지 마음이 바뀌면 자유롭게 담을 넘어 집으로 가라."

그러나 그 가족은 끝까지 믿음을 지키다가 그 안에서 모두 순교했습니다.

우리가 만약 그 돌담 안에 들어갔다면 어떻게 했을까요? ✅

나의 감사 찾기 _____

_____

_____

_____

_____

_____

_____

_____

_____

_____

우리는 그가 만드신 바라 그리스도 예수 안에서 선한 일을 위하여 지으심을 받은 자니
(에베소서 2장 10절)

주는 나의
피난처

'범사에 감사하라'는 말씀은 머릿속에서만 맴돌았지 삶에서 지킬 수 없는
공허한 말씀처럼 느껴졌습니다.

독실한 기독교 가정에서 태어나 네덜란드 최초의 여성 시계공이 된 코리텐 붐 여사는, 병약했던 어머니를 여읜 후 아버지와 언니와 함께 살고 있었습니다. 그러던 어느 날 제2차 세계대전이 벌어졌습니다. 탄압받는 유대인들의 고통을 외면할 수 없었던 그녀와 가족은 유대인의 생명을 구해 주는 레지스탕스 운동에 뛰어들었습니다. 코리 가족은 집에 유대인들을 위한 은신처를 만들고 그들을 안전한 피난처로 안내했습니다. 그러다 결국 나치에게 발각되어 가족 전체가 잔혹한 죽음의 수용소로 끌려가게 되었습니다. 아버지는 그만 수용소에서 생을 마감하고 말았습니다.

온갖 고초를 겪는 중에도, 무엇보다 그녀의 큰 고통은 성경을

읽지 못하는 것이었습니다. 어느 날 신체검사를 받는 중에 한 그리스도인 간호사를 통해 그렇게 갖고 싶었던 성경을 손에 넣을 수 있게 되었습니다. 그녀는 간수의 눈을 피해 날마다 성경을 읽다가 하루는 '범사에 감사하라 이것이 그리스도 예수 안에서 너희를 향하신 하나님의 뜻이니라'는 데살로니가전서 5장 18절의 말씀이 눈에 들어왔습니다.

그로부터 얼마 후, 그녀는 열악한 감방으로 옮기게 되었는데 음식도 잠자리도 최악이었습니다. 고생도 이루 말할 수 없이 심해 생지옥이나 다름없었습니다. 감방을 옮긴 후에 그녀는 도저히 감사할 수 있는 마음이 생기질 않았습니다. 벼룩까지 들끓어 하루하루가 고통이었습니다. 언니 베시는 이런 비참한 환경까지도 감사하라고 했습니다.

그러나 그녀는 그것만큼은 인정할 수 없었습니다. '범사에 감사하라'는 말씀은 머릿속에서만 맴돌았지 삶에서 지킬 수 없는 공허한 말씀처럼 느껴졌습니다. 이런 끔찍한 상황에서 감사할 수 있다는 것은 불가능하게 여겨졌습니다. 그런데 언니 베시가 눈을 감고 나지막하게 기도를 드렸습니다.

"주님, 우리에게 벼룩을 주신 것을 감사합니다."

코리는 할 수 없이 '아멘' 했습니다.

그런데 얼마 안가서 그녀는 벼룩으로 인해 감사해야 할 이유를 깨닫게 됐습니다. 벼룩 때문에 그 감방 주위에는 간수도, 독일 군

인도 얼씬 하지 않았습니다. 그 덕에 두 자매는 자유롭게 하나님의 말씀을 전하고 기도할 수 있었습니다.

전쟁이 끝나면 함께 전쟁 피해자들을 위한 센터를 만들자고 꿈꾸던 베시 언니는 먼저 세상을 떠나고, 코리만 기적처럼 수용소에서 석방됩니다. 2차대전이 끝난 후, 언니의 소원대로 코리는 네덜란드와 독일에 치유 센터를 건립하는 사역을 시작했습니다. 그러다 전세계를 돌며 하나님의 사랑과 용서의 메시지를 나누고, 다양한 집필 활동을 했던 코리는 1983년 자신의 아흔한 번째 생일에 캘리포니아에서 하나님 곁으로 떠났습니다.

로렌스 수도사는 싸움을 잘하기로 소문난 수도원의 원장으로 임명을 받았습니다. 그가 수도원의 문을 두드리자, 젊은 수도사들이 몰려나왔습니다. 그들은 백발이 성성한 노 수도사가 서 있는 것을 보고 말했습니다.

"노 수도사가 왔구려. 어서 식당에 가서 접시를 닦으시오."

"네, 그리하겠습니다."

노 수도사는 곧장 식당으로 묵묵히 걸어 들어갔습니다.

석 달이 지나서 감독이 순시차 왔습니다. 그런데 원장의 모습이 보이지 않았습니다. 감독이 물었습니다.

"원장님은 어디 가셨는가?"

수도사들이 대답했습니다.

"원장님은 아직 부임하지 않았습니다."

감독은 깜짝 놀랐습니다.

"아니, 그게 무슨 소린가. 내가 로렌스 수도사를 3개월 전에 임명했는데."

젊은 수도사들이 그 즉시 식당으로 달려가 노수도사 앞에 무릎을 꿇었습니다. 그 후부터 그 수도원은 모범적인 수도원으로 거듭났다고 합니다. V

나의 감사 찾기

_____

_____

_____

_____

_____

_____

그러므로 너희는 하나님이 택하사 거룩하고 사랑받는 자처럼 긍휼과 자비와 겸손과 온유와 오래 참음을 옷 입고

(골로새서 3장 12절)

"Yes,
I believe in God."

미국 크리스천 십대들 사이에서 'Yes, I believe in God'이라고 적힌 티셔츠를
입고 다니는 운동이 일기 시작했습니다.

19 99년 4월 20일, 미국 콜로라도 주 덴버 시의 남서쪽 리틀턴에 있는 콜롬바인 고등학교에서 총기 사건이 발생했습니다. 불량서클의 재학생 두 명이 총기를 난사하고 사제 폭발물을 터트려 열세 명이 죽고, 스물네 명에게 중상을 입힌 사건입니다. 사건 용의자들은 자살을 했습니다. 그런데 이 큰 비극 가운데서 살아남은 여학생이 증언한 놀라운 이야기가 있습니다.

이 학교의 불량 서클 단원이었던 '트렌치 코트' 마피아단원 둘이 총기를 가지고 들어와서 학생들을 난사하고 있었을 때, 그곳에는 열일곱 살 된 캐시 버넬이라는 소녀가 있었습니다. 총을 들고 있던 범인 중 하나가 그녀에게 총구를 목에 겨누고서 이렇게

물었습니다.

"너는 하나님을 믿느냐?"

만약 하나님을 안 믿는다고 했다면 살 수 있었을지도 모르는 그 상황에서 그녀는 똑바로 그를 쳐다보며 대답했습니다.

"Yes, I believe in God(그래, 나는 하나님을 믿어)."

그러자 그는 총구를 캐시의 가슴에 겨누고 마구 총을 쏘았습니다.

캐시의 이야기가 알려지자 미국 크리스천 십대들 사이에서 'Yes, I believe in God'이라고 적힌 티셔츠를 입고 다니는 운동이 일기 시작했습니다. 플로리다 주의 한 도시에서는 2,500명의 십대들이 모여 감동적인 신앙고백의 집회를 가졌습니다. 이 집회의 이름 역시 'Yes, I believe in God'이었습니다. 이 집회는 마약 등 각종 중독에 찌들어 죽어가던 미국 전역의 크리스천 십대들을 일깨우는 살아 있는 운동으로 불붙기 시작했습니다.

경기도 용인에 가면 한국기독교순교자기념관이 있습니다. 이 기념관 3층에 올라가면, 한국에서 순교한 외국인 선교사와 믿음의 선배들의 순교 사진이 걸려 있습니다. 그런데 순교자 사진 마지막에는 사진박스는 있는데 사진은 없습니다. 대신 거울이 있습니다.

그 거울 속에는 바로 '나'가 들어 있습니다. 이제는 나의 차례인 것입니다.

마태복음 10장 32~33절 말씀입니다.

"누구든지 사람 앞에서 나를 시인하면 나도 하늘에 계신 내 아버지 앞에서 그를 시인할 것이요 누구든지 사람 앞에서 나를 부인하면 나도 하늘에 계신 내 아버지 앞에서 그를 부인하리라"

만약 하나님을 안 믿는다고 했다면

살 수 있었을지도 모르는 그 상황에서

그녀는 똑바로 그를 쳐다보며 대답했습니다.

"Yes, I believe in God

(그래, 나는 하나님을 믿어)."

저울이 놓여있는 탁자에 한 남자가 있습니다. 저울의 한쪽 접시에는 그의 고난이 놓여있습니다. 이 사람은 그 고난을 보고서 그것이 매우 무겁다고 생각합니다. 그래서 그는 저울의 다른 쪽 접시에 장차 나타날 영광을 올려놓습니다. 그러자 이전에 무겁게 보였던 그 고난이 새의 깃털처럼 가볍게 되었습니다.

고난이 본래 가벼웠거나 저절로 가벼워진 것이 아닙니다. 그것은 오직 다른 한쪽 접시에 놓여 있는 더 무거운 것에 비하여 가볍게 느껴진다는 것입니다. ☑

나의 감사 찾기

_____

_____

_____

_____

_____

_____

_____

_____

_____

_____

두려워하지 말라 내가 너와 함께 함이라 놀라지 말라 나는 네 하나님이 됨이라 내가 너를 굳세게 하리라 참으로 너를 도와주리라 참으로 나의 의로운 오른손으로 너를 붙들리라

(이사야 41장 10절)

40명의
그리스도인

그가 주님을 안 것은 짧은 순간이었지만
그는 주님을 위하여 목숨을 바쳤고 주님의 품에 안긴 것이었습니다.

로마 황제 마르쿠스 아우렐리우스는 학문은 높았지만 기독교를 엄청나게 박해하였습니다. 어느 겨울, 마르쿠스 황제가 군인을 비롯한 모든 공무원은 이교 신전에서 제사를 드려야 한다는 칙령을 발표하였습니다. 그 칙령에는 제사를 드리지 않는 사람은 그 직위를 잃을 뿐 아니라 사형을 당할 것이라고 적혀 있었습니다.

300년 동안 무적이었던 12사단의 사단장은 자기의 부하를 불러 모아 놓고 그 칙령을 읽어 주면서 다음과 같이 말했습니다.

"12사단 군사들이여, 여러분은 여러 전투에서 용기를 보여 주었습니다. 이제 우리는 황제의 법에 순종함으로써 제국의 가이사에게 충성을 다하는데 앞장섭시다. 내일은 우리 사단이 신들에게 제사를 드릴 것입니다."

그런데 두 명의 군인이 사단장을 찾아와, 12사단에는 40명의 그리스도인이 있는데 그들은 이교 신에게 제사를 드리지 않을 것이라고 알려 주었습니다. 사단장은 화를 내며 말했습니다.

"그들에게 말하시오. 만약 제사에 참여하지 않는다면 무기를 압수당하고 그 직책에서 쫓겨날 것이며, 죽임을 당하게 될 것이오. 그리 알고 깊이 생각하고 좋은 쪽을 선택하라고 하시오."

그날 밤 진영에서는 40명의 그리스도인들이 모여 시편을 읽고 찬송을 불렀습니다. 다음 날 아침 그들이 제사 참여를 거부하자 처형하라는 장군의 명령이 떨어졌습니다. 제사를 거부한 40명은 팔과 목이 묶인 채 얼어붙은 호수 근처로 끌려갔습니다. 해가 지자 그들은 벌거벗긴 채 호수 한가운데로 끌려갔습니다. 그리고 그들이 세운 큰 전과(戰果)를 참작해서 자신들의 주장을 철회할 기회가 주어졌습니다.

호수 옆에는 그리스도에 대한 신앙을 부인하고 제사를 드리기로 작정한 사람을 위해 따뜻한 목욕탕이 준비되어 있었습니다. 목욕탕을 지키고 있던 보초병은 호숫가에서 장작불을 피워 몸을 녹이고 있었습니다. 그 보초병은 얼어붙은 호수 가운데에서 그리스도인들이 부르는 찬송 소리를 들었습니다. 그러나 밤이 깊어 가자 찬송 소리가 약해졌습니다. 그때 보초병은 그리스도인들의 중얼거리는 기도 소리와 함께 천사의 목소리를 들었습니다.

"그리스도의 좋은 군사 40명, 순교자 40명,
그리고 40개의 면류관이로다."

그런데 조금 후에 그 천사의 목소리가 바뀌었습니다.

"그리스도의 좋은 군사 39명, 순교자 39명,
그리고 39개의 면류관이로다."

그때 그 보초병은 따뜻한 목욕탕으로 걸어오는 한 사람의 발자국 소리를 들었습니다. 즉시 그 보초병은 무기를 놓은 채 소리를 질렀습니다.

"여기 내 옷을 입으시오. 내가 당신을 대신하겠소!"

그 보초병은 벌거벗은 채로 얼어붙은 호수 가운데를 향해 뛰어 갔습니다. 뛰어가면서 그는 노래를 불렀습니다.

"그리스도의 좋은 군사 40명, 순교자 40명,
그리고 40개의 면류관이로다."

다음 날 아침 사단장은 죄수들을 끌어내라고 명령하였습니다. 얼어 죽은 시체들이 호수 한가운데 쌓여 있었고 그 가운데는 보초병의 시체도 있었습니다. 그가 주님을 안 것은 짧은 순간이었지만 그는 주님을 위하여 목숨을 바쳤고 주님의 품에 안긴 것이었습니다.

마음의 묵상

세상은 불평과 시기와 다툼과 미움과 전쟁에 워낙 익숙해져 있습니다. 그래서 하나님의 사람들이 서로를 사랑하고, 서로에게 감사하기 시작하면 충격을 받습니다. 불평과 미움이 감사와 사랑 앞에 부딪히면 너무나 무기력해져 버립니다. 독기를 잃기 시작합니다. 변화되기 시작합니다.

당신도 세상을 변화시키고 싶은가요? 우리가 서로를 사랑하고 서로 감사하면 됩니다. ✔

나의 감사 찾기

_____

_____

_____

_____

_____

_____

_____

_____

_____

모든 은혜의 하나님 곧 그리스도 안에서 너희를 부르사 자기의 영원한 영광에 들어가게 하신 이가 잠깐 고난을 당한 너희를 친히 온전하게 하시며 굳건하게 하시며 강하게 하시며 터를 견고하게 하시리라
(베드로전서 5장 10절)

기적을 노래하는
'바퀴 달린 성악가'

하나님은 제 인생의 목표를 좌절시킨 것이 아니라,
'새로운 삶'을 선물로 주셨으며,
저를 사랑하신 '사랑'을 다시 전하게 하셨습니다.

나무가 겨울을 당당히 이겨 내고 봄에 새로운 시작을 하듯이 고난의 연속인 삶을 감사의 생명력으로 이겨 내고 마침내 꽃을 피운 인물을 소개하고자 합니다.

주위의 기대를 한 몸에 받던 이남현 씨는 182cm의 키에 100kg의 건장한 몸을 가진, 성악을 전공하는 청년이었습니다. 그러나 어느 날 닥친 시련은 그의 꿈을 송두리째 빼앗아 버렸습니다. 2004년 수영장에서 다이빙을 하다가 떨어져 수영장 바닥에 목을 부딪쳐 목뼈가 부러지는 사고를 당한 후 목 아래로는 쓸 수 없는 '전신마비 장애인'이 된 것입니다. 그는 갑자기 다가온 고난 앞에서 자살까지 생각하게 되었습니다.

그런데 독실한 신앙인인 아버지가 격려했습니다.

"남현아, 너는 하나님의 일을 할 사람이야. 너는 하나님의 일을 해야 해."

부모님의 간절한 눈물의 기도로 다시 믿음을 회복하여 새로운 꿈과 희망을 갖고 도전해 나갔습니다.

'내가 가진 달란트가 노래를 부르는 것이니 찬양을 통하여 절망에 처한 사람들에게 희망을 줘야겠다.'

전신마비 장애인이 노래를 부른다는 것은 쉽지가 않았습니다. 온 몸을 악기로 사용해야 하는데 그 악기를 제대로 사용하지 못하기 때문입니다. 복식호흡은커녕 기침이 자꾸 나오고 온 몸에 경련이 나서 노래가 되지 않았습니다. 그러나 그는 재활치료를 하면서 '도레미파솔라시도' 한 옥타브를 노래할 수가 있게 되었습니다.

숨이 차서 한 곡을 끝까지 부르지 못했는데 부단한 노력 끝에 마침내 할 수 있게 되었고, 대학과 대학원에서 성악을 전공하게 되었습니다. 휠체어에 몸을 의지하여 노래하는 그는 사람들에게 꿈과 희망을 선사하고, 위로와 용기를 전하게 되었습니다.

그는 이렇게 말합니다.

"비록 풍부한 성량이나 화려한 테크닉을 보여 줄 수는 없지만, 무대에 오를 때마다 저를 지켜보는 사람들에게 전하고 싶은 것이 있습니다. 그것은 '사랑' 그리고 '감사'입니다. 하나님은 제 인생의 목표를 좌절시킨 것이 아니라, '새로운 삶'을 선물로 주셨으며, 저를 사랑하신 '사랑'을 다시 전하게 하셨습니다. 그래서 저는 진심으로 제 삶에 '감사'하며, 저를 이끄시는 하나님께 감사합니다. 이제는 어떤 상황 속에서도 감사가 먼저 흘러나옵니다. 참 신기하고, 또 감사합니다."

기적을 노래하는 '바퀴 달린 성악가'로 불리는 그의 노래를 듣노라면, 봄 햇살에 세상이 생기를 발하듯 우리네 가슴도 이내 따스해집니다.

그가 부르는 기적의 노래가 많은 이들에게 어려움을 능히 이겨낼 수 있는 꿈과 희망의 에너지가 되기를 기대해 봅니다.

마음의 묵상

기차가 터널 속으로 들어가 어두워졌다고 해서 차표를 찢어 버리거나 기차에서 내리는 사람은 없습니다. 인생의 여정에도 가끔 돌아가라는 팻말이 붙습니다. 순조롭게 잘 나가다가도 갑자기 사건이나 사고를 당하게 됩니다. 이때 슬기로운 자는 참고 기다리고 돌아갈 줄 압니다.

장미는 아름답습니다. 그러나 가시를 보고 아름답다고 하는 것이 아닙니다. 많은 사람들이 자기의 가시만을 보고 비통해합니다. 장미에서 가시를 보지 않고 꽃을 보는 시야를 우리는 '소망'이라고 합니다. ✔

나의 감사 찾기

_____

_____

_____

_____

_____

_____

_____

_____

_____

_____

너희 안에서 행하신 이는 하나님이시니 자기의 기쁘신 뜻을 위하여 너희에게 소원을 두고 행하게 하시나니
(빌립보서 2장 13절)

미신의 땅
제주도 선교의 씨앗

왕 같은 제사장의 권세를 가지고 예수님의 보혈의 능력을 의지하면
모든 흑암의 권세를 물리치는 역사를 보게 됩니다.

이기풍 목사님은 평양신학교 1회 출신으로, 한국교회 첫 목회자 일곱 분 중에 한분입니다.

성격이 과격해서 젊을 때에는 주먹깨나 썼답니다. 이기풍 목사님에 대한 일화가 참 많은데, 그 중에 예수 믿기 전에 주먹을 쓴 일화들도 꽤 있습니다. 특히 한국 선교역사에 큰 업적을 남기신 사무엘 마펫(마포 삼열) 선교사님이 평양 서문 인근에서 복음을 전하다가 이기풍 청년이 던진 돌에 맞아 턱이 깨지는 흉터를 입었다는 일화는 아주 유명합니다. 그뿐 아니라 장대현교회 건축현장에 가서 방해하고 부수고…, 이렇게 선교를 방해하는 짓을 많이 했다는 일화도 남아 있습니다.

그런데 청년 이기풍이 원산에 갔다가 하나님의 은혜로 복음을

들고 예수를 믿게되었습니다. 전도를 받아 예수를 믿고 꼬꾸라져 통회자복하고 눈물 콧물 흘리며 새 사람 되기를 결심하고 나니 돌을 던져 상처를 입힌 서양선교사가 생각났습니다. 바로 사무엘 마펫 선교사님입니다. 그분을 찾아가 고백하고 회개하고 나서 평양신학교에 들어가, 1907년 한국 최초 일곱 명의 목사 안수자 중한 명이 되었습니다.

그분이 제주도 선교사로 파송된, 우리나라 최초의 선교사인 셈입니다. 당시에는 제주도가 완전히 외딴섬이고 뱀 신을 섬기는 미신이 가득한 머나먼 섬으로, 선교지라고 여겼기 때문에 그 미신을 섬기는 땅 제주도에 한국교회가 첫 목회자를 배출한 기념으로 선교사를 파송하기로 한 것입니다.

그 미신의 섬으로 가는 도중에 풍랑을 만나서 죽을 고비를 여러 차례 넘기고 제주도에 도착했지만 모두들 우상을 섬기고 미신을 섬기느라 복음을 전하기가 무척 어려웠습니다. 이기풍 선교사는 어느 날 길에서 귀신 들린 아주 난폭한 청년을 만났습니다. 얼마나 귀신이 강하게 들어왔는지 쇠사슬로 묶어 놓으면 쇠사슬을 끊어 버리고 성경에 나온 군대 귀신이 들린 청년처럼 막 뒤집어엎고 사람도 두들겨 패고 감당할 수 없는 상황이었습니다.

'하나님이 이 청년을 내게 맡기셨다'는 생각이 든 목사님은 이 청년을 집으로 데려와서 묶어 놓고 사모님과 함께 예배를 드렸습니다. '보혈의 능력' 찬송을 부르니 고함을 지르고 난장을 부리고 야단이었습니다. 내외분이 간절히 붙잡고 통성기도를 하는 동안에 줄이 풀려 도망가고, 도망가면 또 붙잡아 와서 또 예배드리고 또 도망가기를 여러 차례 계속했습니다. 며칠간 이 청년과 씨름했습니다. 귀신 들린 사람은 얼마나 힘이 센지 몇 사람이 붙잡아도 다 나가떨어질 정도로 큰 힘이 있다고 합니다.

며칠째 예배를 드리고 있던 어느 날. 그날따라 조용해져 있더랍니다.

'여태까지 그렇게 소리치고 기도만 하면 줄을 끊고 도망가더니 너 왜 얌전해졌느냐'고 물었더니 '어저께까지는 우리 대장이 묶은 것 풀어주고 도망가게 했는데 오늘은 대장이 꼼짝도 못하겠다'고 한다더랍니다. 왜 그러느냐고 재차 물으니까, '흰 옷 입은 군사들이 둘러싸고 있어서' 대장이 무서워서 밖에 나가 있다고 하더랍니다. 이기풍 선교사 내외분의 감사가 얼마나 컸겠습니까?

하나님께서 영의 눈을 뜨게 해서 천사가 둘러 진 치신 것을 보여 주신 것입니다. 마귀대장이 밖에서 들어오지 못하는 것입니다. 때가 왔다는 깨달음이 와서 목사님과 사모님이 다시 '보혈찬송'을 부르며 간절히 기도하니까 입에서 큰 거품을 쏟더니 꼬꾸라져 버렸답니다.

한참 동안 잠을 자고 난 후 부스스 깨어나 자기가 왜 거기에 있는지도 알지 못해 목사님 내외분이 그 청년이 귀신 들려 있을 때 한 행동에서부터 자초지종을 설명해 주었답니다. 이 청년이 그자리에 무릎을 꿇고 눈물로 회개하고 예수 믿고 하나님의 자녀가 된 것은 너무나 당연한 과정이었습니다.

당연히 온 집안을 다 예수님께로 인도해 왔고 이 소문이 제주도에 널리 퍼져서 수많은 사람들이 몰려와 예수를 믿고 교회가 세워지기 시작했는데, 13년 동안 11개 교회가 세워졌습니다. 교회마다 다 부흥해서 지금 제주도에 가면 곳곳에 이기풍 목사님이 세우신 교회가 있고 선교기념관이 있습니다.

이기풍 목사님은 제주도를 완전히 주의 복음으로 변화시킨 위대한 하나님의 종이 되었습니다.

왕 같은 제사장의 권세를 가지고 예수님의 보혈의 능력을 의지하면 모든 흑암의 권세를 물리치는 역사를 보게 됩니다.

불가리아 작은 마을에서 태어나 십대 청소년 때 예수님을 믿고 오순절 교회 목사님이 되신 하랄란 포포프 목사님은 13년 동안 옥중생활을 했습니다.

1948년, 공산당이 교회를 무너뜨리려는데 반대하다가 감옥에 들어갔습니다.

안에 톱날이 선 족쇄가 양쪽 발에 채워지고 거꾸로 매달린 채 채찍으로 맞고 또 맞았습니다. 그런데도 만나는 사람마다 복음을 전하다 발각이 될 때마다 몇 배로 매를 맞고 계속 감옥을 옮겨다녔지만 가는 곳마다, 만나는 사람마다 복음을 전했습니다.

1961년, 13년 만에 기적적으로 석방되어 미국으로 망명한 후에 고문당한 모든 이야기들을 책으로 묶어 이 책이 25개국 언어로 번역 되었고 수백만 명에게 읽혀지고 있는 베스트셀러가 되었습니다. 그는 그 책에서 말합니다.

"감옥에서 있었던 13년 2개월 동안, 나를 지탱해 주었던 것이 두 가지 있다.

첫째, 내 생명이 '하나님의 손'에 달려 있다는 사실.
둘째, '살아서 언젠가 세상 사람들에게
　　　내가 목격한 것을 증언할 수 있을 것'이라는 '희망'.

그는 장장 13년 동안 공산주의자들의 사악함을 경험했지만, '짐승보다 더 잔인한 인간의 야수성' 가운데 피어난 '놀라운 하나님의 사랑의 진리'를 발견할 수 있었다.

'고난'은 그리스도인들에게 주어지는 '위대한 기회'였다!"

나의 감사 찾기

_____

_____

_____

_____

_____

_____

_____

_____

_____

_____

_____

_____

_____

_____

_____

_____

_____

_____

_____

_____

아무것도 염려하지 말고 다만 모든 일에 기도와 간구로 너희 구할 것을 감사함으로 하나님께
아뢰라
(빌립보서 4장 6절)

"물 잔에 떨어진 잉크 한 방울처럼
우리 각자는 세상 전체의 색조를 바꿀 수 있습니다.
비록 산꼭대기에 혼자 살고 있는 사람이라 할지라도
기쁨의 느낌을 만들어 냄으로써,
다른 이들의 기쁨에 도움이 되는 파장을 보냅니다.
감사하십시오. 세상이 감사로 물들 것입니다."

4부
사랑의 열매 나눔

'15분'을 투자하면
세상이 바뀐다!

"기적을 창조하고 세상을 변화시키는 데 매일 '15분'씩 작은 실천을 투자하면 됩니다.
많은 사람들이 투자하는 작은 실천이 작은 기적을 이루고
작은 기적들이 모이고 쌓여 세상을 바꾸는 큰 기적을 이룰 수 있습니다."

세 상을 아름답게 바꾸려면 얼마의 시간이 필요할까요?
'기적의 15분'이라고 합니다.

환경운동가 대니 서(Danny Seo)는 어린 시절 자신이 살던 동네
의 일명 '숨겨진 연못'이 개발로 인해 없어진다는 말을 듣고 충격
을 받아 환경 운동을 시작하게 되었답니다.

대니가 열두 살 때였습니다. 친구들과 함께 '지구 2000'이라는
단체를 만들어 '마을 숲 지키기 운동'을 벌였고, 1년여 만에 성공
을 거두게 되면서, 파괴되어 가는 지구를 지키기 위한 운동으로
활동 영역을 넓혔습니다.

모피 제조 및 판매 반대운동도 하고, 초·중등학교 해부실험 거
부운동 등을 벌여 2만 6천명의 회원을 가진 미국 최대의 청소년

환경보호단체로 성장시키고, 사랑의 집짓기 운동이나 환경운동과 자선단체 등을 위한 모금활동 등 다양한 활동을 펼쳤습니다.

이때부터 대니는 젊은 환경운동가로 주목받게 되었고, TV를 비롯, 각종 매스컴을 통해 세계적인 이름을 얻게 되었습니다. 1995년 잡지 〈Who Cares〉의 '올해의 젊은이'로 선정되고, 1998년에는 주간지 〈피플〉의 '세계에서 가장 아름다운 50인'에 선정되었고, 같은 해 '슈바이처 인간 존엄상'을 받았습니다. 2000년부터는 의식 있는 스타일을 추구하는 생활 디자이너로 변신해 재활용과 환경 친화적 주거환경을 위한 사업을 하고 있습니다.

이렇게 화려한 경력을 자랑하는 대니 서가 제시한 이 세상을 바꾸는 방법은 의외로 소박합니다.

"기적을 창조하고 세상을 변화시키는 데 매일 '15분'씩 작은 실천을 투자하면 됩니다. 15분 정도의 짧은 시간을 우리 모두가 바라는 바람직한 지상의 낙원을 건설하기 위한 일에 투자할 수 있다면 그 '작은 실천'은 '작은 기적'이 되고, '작은 기적'들이 모이고 쌓여 세상을 바꾸는 큰 기적을 이룰 수 있습니다."

실천할 수 있는 15분의 기적은 무엇이 있을까요?

▲항공사의 보너스 마일리지를 어린이 단체에 기증하는 일

▲동네 학교에 박물관 무료입장권을 기증하는 일

▲집 앞의 얼음을 제거해 어린이와 노인이 미끄러지는 일을 방지하는 것

▲보호자가 없는 어린이의 차도 횡단을 돕는 것

▲고장 난 가로등을 발견하면 즉시 신고해 교통사고를 예방하는 일 등 아주 간단하고 사소해 보이는 일들이 대니 서가 제시하는 구체적인 방법들입니다.

자신에게 주어진 환경과 기회에 감사하는 마음을 가지고 15분의 작은 실천을 행할 때 우리는 아름다운 공동체를 형성할 수 있습니다. 나보다 타인을 배려하는 행함은 우리 자신의 가장 고귀한 부분과 만날 수 있도록 해 주기도 하고, 모든 풍요로움의 원리들과 만나게 해 줍니다. 남을 이롭게 하는 마음과 행동이 우리의 마음속에 우러나 일상생활의 일부가 될 때, 참으로 마법과도 같은 놀라운 일이 일어납니다.

한 스승이 세 명의 제자에게 졸업 문제를 냈습니다. "너희들에게 엽전 한 닢씩을 줄 테니 무엇을 사서 든지 이 방을 가득 채워 보도록 하여라."

첫 번째 제자는 부피가 크고 가벼운 깃털을 사서 방을 채웠으나 부족했습니다. 두 번째 제자는 값이 싸고 양이 많은 짚을 사서 방을 채웠지만 역시 부족했습니다.

그런데 세 번째 제자는 달랑 양초 하나만을 샀습니다. 그리고 밤이 되자 양초를 켰습니다. 작은 양초는 환하게 빛나며 방안 전체를 밝음으로 가득 채웠습니다.

나의 감사 찾기 _____

_____

_____

_____

_____

_____

_____

_____

_____

_____

_____

오직 선행으로 하기를 원하노라 이것이 하나님을 경외한다 하는 자들에게 마땅한 것이니라
(디모데전서 2장 10절)

'네가 가라!'는 말씀에
순종하여

하나님의 계획은 저의 생각과 달랐습니다. 필리핀 오지의
헐벗은 이들에게 '네가 직접 가라'는 하나님의 명령은 칼 같았고,
나이 65세에 하나님께 자신을 내어 드리기는 쉽지 않았습니다.

정통 경제 관료로 지내다가 은퇴한 후, 필리핀에 가서 인생 후반기를 멋지게 보내고 계신 박운서 장로님이 계십니다.

'네가 가라, 내 양을 먹이라'는 책을 최근에 내셨는데요. 장로님은 공직을 마치신 후에 대기업의 CEO로도 활동하셨고, 65세에는 필리핀에 쉬러가셨다가 그곳에서 가장 어려운 망얀족에게 선교하는 선교사님을 우연히 만난 후 인생관이 바뀝니다.

사실 65세면 '내가 평생 수고했으니 쉬어도 되겠다'고 생각할 때입니다. 그러나 그곳에서 주님의 음성을 들었습니다.

"네가 가라."

"망얀족에게 네가 직접 가거라."

신학공부도 선교사 훈련도 받은 적이 없는 그에게 주님의 음성이 들려왔고 60대에 새로운 일이 시작되었습니다. 망얀족은 필리핀에서 최고로 가난한 부족입니다. 외부와 접촉을 하지 않고 동족들끼리 결혼하며, 글을 모르는 사람이 90%가 넘고 열악한 환경과 영양실조로 대부분 사람들이 일찍 죽어 갑니다.

그렇게 살아가고 있는 그들을 찾아가 길을 닦고 물을 끌어와 농사를 짓는 방법을 가르쳐, 연간 평균 4천 가마의 벼를 수확하고 그 십일조 4백 가마로 개척교회와 어려운 사람을 돕는 데 사용하고 있습니다. 그 부족의 마을 열두 곳에 교회를 세우고, 물과 전기를 확보하고 망얀족의 새마을 사업, 산속에 도로를 닦고 다리를 놓고 아이들을 위한 학교 시설과 기숙사를 지었습니다. 외부인에게 배타적이었던 망얀족이 변화되었고, 자녀들 교육에도 적극적으로 임해서 그들의 삶이 바뀌게 되었습니다.

"저는 40여 년간 공직에 열정을 쏟았으니, 은퇴 후에는 여생을 즐기려 했습니다. 하지만 하나님의 계획은 저의 생각과 달랐습니다. 필리핀 오지의 헐벗은 이들에게 '네가 직접 가라'는 하나님의 명령은 칼 같았고, 나이 65세에 하나님께 자신을 내어 드리기는 쉽지 않았습니다. 하지만 하나님의 말씀을 중심에 두고 주님만 바라보며 결단하고 나아갔습니다. 그런 저를 하나님은 현직에서의 화려했던 시절보다 더 아름답고 빛나는 은혜의 삶으로 만들어 주셨습니다."

우간다에서 선교 활동을 하던 튜커는 본래 화가였습니다.

어느 날 그는 사회 구제사업을 위해 다 떨어진 얇은 옷을 입고, 품에는 아기를 안고 있는 한 여인의 모습을 그렸습니다. 폭풍이 치는 어둡고 황량한 밤거리에서 집이 없어 방황하고 있는, 배고픔에 가득 찬 가련한 여인을 그렸던 것입니다. 그런데 그 그림이 다 완성되었을 때, 튜커는 갑자기 붓을 던져버리며 이렇게 소리쳤습니다.

"버림받은 여인을 그리는 대신에 내가 가서 그들을 직접 구해야겠다."

그래서 그는 아프리카 선교사로 떠났던 것입니다.

나의 감사 찾기 _____

_____

_____

_____

_____

_____

_____

_____

_____

_____

_____

내가 너로 큰 민족을 이루고 네게 복을 주어 네 이름을 창대하게 하리니 너는 복이 될지라
(창세기 12장 2절)

땅끝에서
전해 온 편지

이들이 '작지만 큰 나눔'을 실천할 수 있는 한 가지 비결이 더 있습니다.
매사에 감사하기 때문입니다.

한반도의 최남단 전라남도 해남, 그 중에서도 북위 34
도 17분 21초에 위치한 해남군 송지면 송호리는 말
그대로 '땅끝 마을'입니다.

이곳에 2003년 8명의 아이들을 위한 방과 후 프로그램의 시작
으로 '땅끝 지역 아동센터'가 세워졌습니다. 2006년에는 50명으
로 늘어난 아이들을 위해 배우 문근영씨가 공부방을 만들어 주
었고, 아이들이 100여 명으로 늘어난 2008년에는 보다 전문적
인 도움이 필요해 '굿피플'에서 맡아 운영하고 있습니다.

땅끝 지역 아동센터에는 자랑할 만한 전통이 있습니다. 2008
년부터 6년째 이어져 오는 '작지만 큰 나눔'입니다. 학생들은 다
쓴 깡통과 페트병으로 손수 저금통을 만들어 1년 동안 동전을

모읍니다. 중고생은 수업이 일찍 끝나는 매주 수요일 학교에서 집까지 7~8km를 2시간씩 걸어오며 아낀 버스표를 지폐로 바꾸어 모으고, 초등생들은 용돈을 아껴 모인 금액을 연말에 기부하는 것입니다.

아이들이 이렇게 나보다 더 어려운 이웃을 생각하고 나눔을 실천하게 된 것은 무엇보다 관심과 사랑으로 아이들을 돌봐 주시는 배요셉 목사님과 김혜원 사모님, 그리고 선생님들 덕분입니다. 아이들과 함께 생활하며 부모와 같이 보살펴 주는 그분들은 가슴으로 낳은 자식들에게 무한 사랑을 주고, 넘치는 감사로 아이들에게 영향을 주고 있습니다.

이들이 '작지만 큰 나눔'을 실천할 수 있는 한 가지 비결이 더 있습니다. 매사에 감사하기 때문입니다.

아이들은 감사노트에 감사제목들을 적으며 좋은 생각을 키워가고 있습니다.

"교회에서 살게 해 주셔서 감사, 식물이 죽지 않게 해 주셔서 감사, 화장실 고장 안 나게 해 주셔서 감사, 나무들이 부러지지 않게 해 주셔서 감사, 양말에 구멍이 나지 않게 해 주셔서 감사, 맛있는 거 먹게 해 주셔서 감사, 핸드폰 부서지지 않게 해 주셔서 감사, 문 깨지지 않게 해 주셔서 감사, 전기 나가지 않게 해 주셔서 감사, 아침 점심 저녁 매일 밥을 먹을 수 있는 것에 감사, 전쟁이 안 나게 해 주신 것 감사, 손가락이 10개인 것 감사, 주님을 믿게 해 주신 것 감사, 밥을 굶지 않고 배불리 먹게 해 주신 것 감사, 집에서 안 살게 해 주셔서 감사, 서울 구경한 것 감사" 등등 아이들의 감사 제목들을 읽노라면 가슴이 찡하기도 하고 이런 상황도 감사의 제목이 될 수 있구나, 하는 감탄을 하게 됩니다.

이런 것을 담은 사진과 노트를 통해 보는 아이들의 웃는 모습은 저에게 또 다른 희망이 되어 감사의 제목이 됩니다.

학교가 끝나도 갈 곳이 없고, 보살펴 줄 사람도 없었던 아이들, 보호 사각지대에서 각종 폭력과 무관심 속에서 학교만 겨우 다니던 아이들의 과거 모습은 찾아볼 수가 없었습니다.

아이들의 얼굴에는 희망과 기쁨이 가득했습니다. 해남 땅끝에서 전해 온 감사와 희망의 메시지를 여러분에게도 선물합니다.

마음의 묵상

아기의 울음소리와 어머니의 노랫소리가 멋진 화음을 이루는 곳. 따뜻한 심장과 행복한 눈동자가 서로 만나는 곳. 상함과 아픔이 싸매지고 기쁨과 슬픔이 나누어지는 곳. 어버이가 존경받고 어린이들이 사랑받는 기쁨의 공동체. 조촐한 식탁일지라도 왕궁이 부럽지 않고 돈도 그다지 위세를 부리지 못하는 곳. 사랑이 무엇이며 바른 것이 무엇인지를 배우는 어린이들의 맨 처음 학교. 서로에게 관심을 갖고 그 관심을 고맙게 받아들이는 아름다운 곳. 이렇게 좋은 곳이 바로 가정입니다.

나의 감사 찾기

_____

_____

_____

_____

_____

_____

_____

_____

_____

_____

내가 이 성의 식료품에 풍족히 복을 주고 떡으로 그 빈민을 만족하게 하리로다

(시편 132편 15절)

'품앗이'의
행복

가진 것을 나눌 때에 나의 소유는 줄지 않고 더 많아지게 됩니다.
무엇보다도 감사와 기쁨이 넘쳐나고 행복이 다가옵니다.
이것이 나눔의 역설이고 신비입니다.

어린 시절 '품앗이'라는 단어를 사회 시간에 배운 적이 있습니다. 대가 없이 서로의 노동력을 교환하여 돕는 방식임을 선생님께서 가르쳐 주셨을 때 그 말의 매력에 빠졌던 기억이 납니다.

품앗이를 직접 체험한 것은 겨울을 준비하며 친척들과 가족들이 한자리에 모여 김장을 하던 날이었습니다. 남자들은 곡괭이와 삽으로 김칫독을 묻을 구덩이를 파고, 여자들은 옹기종기 모여 배추를 소금에 절이고 야채를 다듬는 등 만만치 않은 작업들에 힘들지만 이야기꽃과 웃음소리, 노래 소리가 끊이지 않았습니다.

채소를 절이거나 발효시키는 식품은 다른 나라 문화권에도 어렵지 않게 찾아볼 수 있지만, 우리나라처럼 가족이나 이웃 등 공동체를 중심으로 비슷한 시간에 많은 양의 김치를 담그는 일은 드뭅니다. 서로 대화를 나누며 공감대를 형성하고, 다 만든 김치를 서로 나누어 먹으며 자연스레 '나눔'을 실천하는 것이 우리의 김장 문화입니다.

이러한 문화가 높이 평가되어 2013년 12월에는 우리나라의 '김장, 한국에서의 김치 만들기와 나누기'(kimjang : Making and Sharing Kimchi in the Republic of Korea)가 유네스코(UNESCO)로부터 인류의 자랑스러운 무형유산으로 등재되었습니다.

김치를 담그고 나누는 것이 전통적인 우리나라 김장 문화의 참 의미입니다.

현대에 와서 김장철마다 지역사회, 자원봉사 단체에서 김장 행사를 조직하여, 수천 명이 김치를 담그는 데에 참여합니다. 그렇게 담근 김치는 필요한 이들에게 나누어지고 각 가정의 식탁에 오르게 되는 것입니다.

나눔 문화는 김장 나누기뿐 아니라 우리 주변에 확산되고 있습니다. 경제불황 속에서도 구세군 자선냄비 모금액이 사상 최고라는 소식도 들려오고, 걸을 때마다 기부가 된다는 '기부앱', 가르치고, 청소하고, 노래하는 등의 재능 나눔, 상품을 구입하면서 기부하는 신개념의 기부도 다양합니다.

최근에 많이 알려지고 확산되는 '미리내' 가게의 기부도 있습니다. 먼저 온 손님이 추가 금액을 미리 지불하는 방법으로 기부하고 어려운 이웃이 무료로 서비스를 받는 것입니다.

감사하는 마음이 충만해지면 자연스럽게 '나눔'을 행하게 됩니다. 그리고 가진 것을 나눌 때에 나의 소유는 줄지 않고 더 많아지게 됩니다. 무엇보다도 감사와 기쁨이 넘쳐나고 행복이 다가옵니다. 이것이 나눔의 역설이고 신비입니다.

어쩌면 나눔을 행하는 것은 타인을 위한 것이 아니라 자신을 위한 것일지도 모릅니다. 삶 가운데 감사가 넘쳐나고, 그로 인해 나눔의 문화가 우리의 일상 속에 뿌리 깊게 확산되기를 기대해 봅니다.

좋은 일에 대한 감사는 쉬운 일입니다. 그러나 나쁜 일이든, 슬픈 순간이든, 실패하든, 거부를 당하든, 우리 인생 전반에 대하여 감사하기 위해서는 꿍장한 영적 노력이 필요합니다. 지금 이 순간까지 우리를 있게 한 모든 것에 대하여 감사할 수 있을 때, 우리는 진정으로 감사할 줄 아는 사람입니다.

우리는 이렇게 기도해야 합니다. "언제나 감사하는 생각으로 살게 하여 주십시오. 그리고 감사하는 생각을 이웃에게 보이는 일을 잊지 않게 하여 주십시오."

나의 감사 찾기

_____

_____

_____

_____

_____

_____

_____

_____

_____

_____

날마다 마음을 같이하여 성전에 모이기를 힘쓰고 집에서 떡을 떼며 기쁨과 순전한 마음으로 음식을 먹고
(사도행전 2장 46절)

세상을 아름답게 만드는
'나눔'

아무 대가 없이 세 명에게 어떤 선행을 베풀고, 그 세 명이
자신이 도움 받은 사람이 아닌 전혀 상관없는 또 다른 세 명에게 도움을 주고…,
이 '세 명에게 선행 베푸는 일'이 도미노처럼 계속된다면…

'아름다운 세상을 위하여'라는 제목으로 소개된 영화가 있습니다. 원래 이 영화의 원제 'Pay it Forward'는 '선행 나누기'라는 의미입니다. '아름다운 세상을 위하여 선행을 나누자'는 것이 영화의 주제라 할 수 있습니다.

이 영화에서 선생님은 반 아이들에게 '세상을 바꿀 수 있는 아이디어를 생각해 보고 행동해 보자!'고 제안하며, 우리가 사는 세상을 더 아름답게 바꿀 수 있는 방법을 생각해 오라는 과제를 줍니다.

주인공 아이는 과제를 가지고 고민하다가 마침내 자신만의 답을 찾아 말합니다.

아무 대가 없이 세 명에게 어떤 선행을 베풀고, 그 세 명이 자신이 도움 받은 사람이 아닌 전혀 상관없는 또 다른 세 명에게 도움을 주고…. 이 '세 명에게 선행 베푸는 일'이 도미노처럼 계속된다면 세상 사람들 모두가 서로를 도와주는 아름다운 세상이 될 것이라고 이야기합니다.

단순한 아이디어라고 생각되지만, 이 아이디어가 세상을 바꾸고 아름다운 세상을 만드는 시발점이 됩니다. 1이 3이 되고, 9가 되고, 27이 되고, 81이 되고, 243이 되고, 729가 되고, 2187이 되고, 그 나눔에 동참한 이들은 기하급수적으로 늘어납니다.

현실에 대한 불평불만을 쏟아내는 데에만 익숙한 어른들은 주인공의 아이디어와 행동을 처음에는 비웃습니다. 그러다 한 아이의 진실한 선행에 감동하고, 자신의 삶에 대한 자세가 불평이 아닌 감사로 바뀌게 됩니다. 그리고 또 다른 사람 세 명에게 선행을 기꺼이 베풉니다. 이렇게 한 아이의 아이디어는 사람들에게 감사를 선물하고, 잇따른 선행은 세상을 아름답게 만듭니다.

추운 겨울, 어려운 환경 속에서도 타인을 생각하고 선행을 베풂으로써 마음의 부요를 누리는 사람들이 있습니다. 노점상이 푼푼이 모은 돼지 저금통, 얼마 안 되는 월급을 쪼갠 외국인 노동자, 대학생의 아르바이트 급여, 어느 가장의 퇴직금, 땀 흘리며 나르는 사랑의 연탄 등등 올해도 어김없이 들려오는 소식은 우리의 가슴을 훈훈하게 해 줍니다. 이러한 기부 천사들의 행보는 우리에게 희망을 선사하기에 충분하고 이미 세상을 밝게 비추고 있습니다.

한 사람 한 사람의 감사와 나눔이 모여 만들어 갈 사랑의 하모니는 더 많은 사람을 행복하게 하고 기적을 만들어 낼 것입니다. 우리의 감사와 작은 나눔이 이 세상을 아름답게 만들어 가는 기적을 꿈꾸어 봅니다.

마음의 묵상

아인슈타인은 그의 조국 이스라엘로부터 대통령 직을 제의 받았습니다. 그러나 그는 정중하게 "대통령을 하겠다는 사람은 많지만 물리학을 가르칠 사람은 그리 많지 않지요"면서 거절했습니다.

이스라엘의 벤구리온이 갑자기 수상직을 사임하자, 많은 사람들이 이유를 물었습니다. 답은 간단했습니다. "이제 나는 키부츠 땅콩밭으로 갑니다. 수상은 누구나 할 수 있으나 땅콩농사는 아무나 지을 수 있는 것이 아닙니다."

미국의 지미 카터도 대통령직에서 물러난 후 교회학교 교사로 봉사하며 말했습니다. "내가 대통령이 된 것은 하나님의 일을 더 잘하기 위함이었습니다. 대통령은 임시직이지만 교회학교 교사는 평생직입니다."

나의 감사 찾기 _____

_____

_____

_____

_____

_____

_____

_____

_____

_____

서로 돌아보아 사랑과 선행을 격려하며 (히브리서 10장 24절)

"우리에겐
꿈이 있습니다!"

그들은 힘겨운 삶의 현장일지라도
자신들에게 주어진 삶에 감사하는 인생을 살아갑니다.
그리고 그 감사의 삶은 통일에 대한 희망과 열망으로 승화됩니다.

1963년 8월 28일 미국 워싱턴의 링컨 기념관 광장에 25만 명의 군중이 모였습니다. 마틴 루터 킹 목사님이 그들을 향해 '나에겐 꿈이 있습니다'라는 제목으로 한 연설은 미국 사회를 엄청나게 변화시켰습니다. 흑인 대통령의 탄생이 그 상징입니다.

그 외침이 있은 지 50년 후인 2013년, 그 자리에 다시 수만 명이 모였고, 미국의 첫 흑인 대통령인 오바마 대통령은 '우리에겐 할 일이 남아 있습니다'고 외치며 이렇게 연설했습니다.

"그들이 행진했기 때문에 미국이 변했고, 스스로의 삶을 그릴 수 있게 되었습니다. 오래전 그날의 군중과 눈부신 행진을 우리는 아마 다시 재현하지 못할지도 모릅니다. 하지만 그때, 정의를 향해 첫발을 내딛던 많은 선진들의 가슴 속에 타올랐던 그 불꽃이 아직 우리에게 남아 있습니다."

오바마 대통령은 킹 목사님이 외쳤던 꿈이 실현되기 위해서는 '지속적인 행진'이 있어야 하고, 할 일이 남아 있음을 강조합니다.

한국에서도 외치는 자들의 소리가 있습니다. 한민족은 다른 어느 국가보다 혈통에 따른 자국민 중심주의가 뿌리 깊게 박혀 있습니다. 이는 제3세계 국가 출신 외국인 노동자에 대한 인식과 태도에 고스란히 드러나기도 합니다. 다문화 가정과 함께 증가하는 탈북자들, 멀지 않은 통일 등으로 방황하는 우리 사회에도 경종을 울리는 소리가 있습니다.

탈북자 전문 인터넷 언론 매체를 운영하고 있는 김성원 대표가 엮은 '나에겐 꿈이 있습니다'라는 책은 탈북한 열일곱 사람의 애환과 꿈을 담고 있습니다. 그들은 힘겨운 삶의 현장일지라도 자신들에게 주어진 삶에 감사하는 인생을 살아갑니다. 그리고 그 감사의 삶은 통일에 대한 희망과 열망으로 승화됩니다. 그들은 "나에겐 꿈이 있습니다"라고 외칩니다. 탈북자들이 '통일의 주역'이 될 것이라고 말하는 김 대표는 그 꿈에 대해서 말합니다.

"북에 두고 온 가족과 동포를 배불리 먹이는 꿈, 통일 이후 북한에 돌아가 자신들의 고향을 재건하는 것이 그들의 꿈입니다."

그들의 꿈을 통해 통일은 이미 우리 곁에 와 있습니다. 한국 땅에서 꿈을 꾸며 감사의 인생을 살아가는 2만 4천여 명의 탈북자들뿐 아니라 북한 땅에 있는 이들 모두가 우리와 한 형제자매입니다. 그들만의 도전이 아닌 함께하는 무한도전으로 지상에서 유일하게 분단된 우리의 조국이 통일한국으로 우뚝 서는 날을 기대해 봅니다. 우리가 이런 꿈을 꾸는 것 자체가 얼마나 가슴 설레는 감사인지요!

어느 날 석유사업가가 목사님을 자기 집으로 초대해 저녁을 대접했습니다. 식사 후, 그는 자기의 많은 재산을 자랑하고 싶었습니다.

먼저 옥상으로 가서 동쪽의 거대한 석유탑을 가리키면서 말했습니다.

"저것이 모두 내 것입니다. 난 40년 전 맨손으로 이 나라에 왔지만, 이젠 저렇게 끝도 없는 유전탑을 갖게 됐습니다."

그리고는 서쪽으로 가서 수많은 소떼를 가리키며 말했습니다.

"저것도 모두 내 것입니다. 40년 전 난 무일푼이었지만, 열심히 일하고 저축해 이렇게 많은 것을 갖게 됐습니다."

그는 남쪽으로 가서 거대한 골프장을 가리키면서 또 말했습니다.

"저 골프장도 내 재산입니다. 그리고 저 반대편 북쪽의 호텔도 내가 세운 것입니다."

그러자 목사님이 석유사업가의 어깨에 손을 얹고 하늘을 가리키면서 말했습니다.

"이 방향으로는 지은 게 얼마나 있습니까?"

나의 감사 찾기 _____

_____

_____

_____

_____

_____

주께서 사랑하시는 형제들아 우리가 항상 너희에 관하여 마땅히 하나님께 감사할 것은 하나님이 처음부터 너희를 택하사 성령의 거룩하게 하심과 진리를 믿음으로 구원을 받게 하심이니
(데살로니가후서 2장 13절)

설악산 지게꾼의
행복

"…나는 무식하고 못 배워서… 이렇게 굶는 사람 쌀이나 사다 주고
배고픈 사람 라면이나 사다 주는 것밖에 못합니다.
그러나 이렇게 사는 나와 내 가족은 이 세상에서 가장 행복한 사람들입니다."

임기종씨는 설악산을 오르내리며 짐을 날라다 주는 지게꾼입니다. 2011년 SBS '생활의 달인'에서 '설악산 지게꾼'으로 소개된 바도 있습니다.

그는 설악산 주요 등산로에 있는 매점과 휴게소, 산장 등에 각종 물품을 운반해 주는 일을 하고 있습니다. 배운 것도 없고 가진 것도 없어서 열일곱 살 때부터 40년 이상 설악산에서 지게꾼 노릇을 했다고 합니다. 소공원에서 가장 가까운 비선대 산장에서부터 해발 650m 울산바위, 그리고 해발 1,708m의 대청봉에 이르기까지 하루에도 몇 번씩 40~120kg의 무거운 등짐을 지고 구슬땀을 쏟으면서 가파른 산길을 오르내립니다. 160cm 안 되는 키에 57kg 정도 몸무게인데, 한창 젊었을 때에는 혼자서 최고 230kg까

지 져본 적도 있다고 합니다.

보통 건장한 청년이 설악산을 맨손으로 걸어서 대청봉까지 올라가는 데 8시간에서 10시간이 걸립니다. 그런데 그는 무거운 짐을 메고 대여섯 시간 만에 대청봉에 올라갔다고 합니다. 매일 새벽 5시부터 저녁 5시까지 12시간을 짐을 지고 오르내린다는 것이었습니다. 그렇게 해서 버는 돈이 하루에 3-5만원, 한 달에 60만원에서 120만원입니다.

그에게는 아내와 아들이 있습니다. 그는 속초에 있는 13평형 임대 아파트에 삽니다. 아무리 시골이라고 해도 그 정도 벌이로 세 식구가 살기는 힘듭니다. 그래서 그는 늘 점심을 반찬 없이 밥만 먹는답니다. 그것도 지게를 지고 산을 오르는 도중에 계곡 물을 조금 받아서 거기에 말아서 훌훌 마십니다. 그리고는 또 지게를 지고 산을 오릅니다.

그런데 그는 그 수입의 절반을 양양에 있는 장애인들과 홀로 사시는 노인들을 위해 쓰고 있습니다. 매달 쌀이며 라면을 사서 찾아간다고 합니다. 이런 선행이 알려져 그는 '2005년 MBC 및 강원도 봉사대상'을 받았습니다. 그런데 거기서 받은 상금 800만원을 자신이 돕고 있는 불우 독거노인 20명의 제주도 여행경비로 다 내놓았습니다. 덕분에 생전 처음으로 그분들이 제주도 여행을 다녀오신 것입니다. 그 분들이 제주도를 여행하고 있을 때, 임기종씨는 120㎏의 상업용 냉장고를 지고 대청봉의 산장으로 배달을 하고 있었다고 합니다. 그후 '2007년 대한민국 봉사대상'을 받았는데, 그때의 상금 1,000만원도 불우 독거노인들을 위해 내놓았습니다.

임기종씨의 아내는 정신지체 장애인입니다. 그는 한 지게꾼 선배로부터 '이런 여자는 자네와 살림을 살아도 결코 도망가지 않을 것'이라면서, 정신지체 2급에다 걸음걸이도 불편한 여성을 소개받았다고 합니다.

"이런 여자를 소개해 준 것은 내가 별 볼 일 없어서 그랬겠지요. 아내는 일곱살짜리 지능쯤 됩니다. 어쨌든 딱 보는 순간 어찌나 애처롭던지요. 얼마나 구박을 많이 받았을까, 내가 돌보아야겠다는 생각이 들었습니다."

하나밖에 없는 아들도 말을 못하고 심각한 정신장애 증세까지 보이는 장애인입니다. 그는 아이를 돌보려면 일을 그만두어야 하는데, 그럴 형편이 안 됐다고 합니다. 결국 열세 살이 되었을 때, 강릉에 있는 시설에 아이를 맡겼습니다.

"아이를 데려다 주고 나오는데, '나만 편하려고 맡겼다'는 죄책감이 들었습니다. 용달차에 20만원어치 과자를 싣고서 다시 시설에 갔습니다. 그걸 먹으며 좋아하는 아이들을 보니 기뻤습니다. 사람들이 좋아하는 일을 하면 나도 기쁠 수가 있구나, 그때부터 지게일로 번 돈을 그렇게 쓰게 되었습니다."

그는 예수를 믿는 그리스도인입니다. 매일같이 지게를 지고 산

을 오르며 번 돈으로 이웃을 섬기고 사랑하는 데 쓰고 있는 임기
종씨야말로 진정한 그리스도인입니다. 그는 수줍게 웃으며 이렇
게 말합니다.

"나는 이웃에게 빚진 사람의 마음으로 삽니다. 감사하는 마음
으로 삽니다. 나는 무식하고 못 배워서 내가 남들한테 해 줄 수
있는 것은, 이렇게 굶는 사람에게 쌀이나 사다 주고 배고픈 사람

에게 라면이나 사다 주는 것밖에 못합니다. 그러나 이렇게 사는 나와 내 가족은 이 세상에서 가장 행복한 사람들입니다."

　여러분은 어떻습니까? 임기종씨보다 월급이 적고 못 배웠으며, 키가 작고 못생긴 사람 있습니까? 아내 또는 남편과 자식이 모두 장애인인 사람 있습니까? 그런데 여러분은 임기종씨보다 행복하십니까? 누가 진정한 그리스도인입니까?

"아이를 데려다 주고 나오는데,

'나만 편하려고 맡겼다'는 죄책감이 들었습니다.

용달차에 20만원어치 과자를 싣고서

다시 시설에 갔습니다.

그걸 먹으며 좋아하는 아이들을 보니 기뻤습니다.

사람들이 좋아하는 일을 하면 나도 기쁠 수가 있구나,

그때부터 지게일로 번 돈을 그렇게 쓰게 되었습니다."

스티븐 코비의 '소중한 것을 먼저 하라'라는 책에 코비와 결혼한 딸이 나눈 대화가 나옵니다.

"아버지, 이 어린아이 하나를 키우느라고 내 할 일을 전혀 못하고 있어요. 하나님이 내게 주신 은사를 활용할 기회가 없어요. 이것이 일종의 시간낭비는 아닌가요?"

"시간관리 같은 것은 신경 쓰지 말아라. 달력은 없애라. 그리고 지금 네가 네 인생에서 가장 중요한 아이 돌보는 일을 감사하고 즐기도록 하여라.

명심해라. 인생에서 중요한 것은 '시간'이 아니라 '방향'이다."

나의 감사 찾기

_____

_____

_____

_____

_____

_____

_____

_____

_____

_____

_____

그러므로 의인은 그 길을 꾸준히 가고 손이 깨끗한 자는 점점 힘을 얻느니라
(욥기 17장 9절)

"내가 자족하기를
배웠노니"

성도의 자족이라는 것은 '상태에 대한 만족'이 아닙니다.
하나님의 주권에 대한 만족,
즉 하나님에 대한 '순종의 상태'를 말하는 것입니다.

다음은 누구를 설명한 내용일까요?

- 그는 유대인들로부터 사십에 하나 감한 매를 다섯 번 맞았다.

- 세 번이나 태장으로 맞았다.

- 한 번 돌로 맞았다.

- 세 번이나 파선했고, 그 중 한 번은 하루 밤낮을 물속에 있어야 했다.

- '여러 번' 강도의 위험과 이방인의 위험을 당했다.

- 여행 중 '여러 번' 위험에 직면했는데, 그 중 그가 탄 배가 파도에 뒤집혔다.

- '자주' 옥에 갇혔다.

- '자주' 죽을 뻔했다.

- 헤아릴 수 없이 자지 못하고, 주리고, 목마르고. 춥고, 적절한 옷 없이 지냈다.

- 비판을 받고, 거짓 혐의를 쓰고, 잘못 인용되고, 오해 받고, 거절당했다.

바울은 자기가 세운 교회에서 배척을 당하고 쫓겨나는 일을 허다하게 겪었습니다. 사탄의 가시라는 질병도 죽는 날까지 가지고 있었고 시내의 위험과 광야의 위험을 당했습니다. 결국 그는 세상의 힘에 의해 형장의 이슬로 사라졌습니다.

사도 바울의 말년에 디모데에게 쓴 편지를 보면 처절하기 그지없습니다. 디모데후서 4장에 보면 "나와 함께 한 자가 하나도 없고 모두 다 나를 버렸구나. 디모데야, 너는 어서 속히 내게로 와 다오. 네가 올 때에 드로아 가보의 집에 두었던 겉옷을 좀 가져다 주렴, 이 감옥 안은 몹시 춥구나. 그리고 성경을 가져다 주려무나. 가죽 종이에 쓴 것으로…" 목숨을 걸고 복음을 전했던 노 사도의 마지막이 이와 같은 철저한 버려짐이었고 참을 수 없는 외로움이었습니다. 사도 바울이 세웠던 교회들은 모두 다 문제가 많았고 이단을 받아들였으며 부흥은커녕 지리멸렬했습니다.

하지만 사도 바울은 빌립보서 4장 11~13절에 이렇게 말씀합니다. "내가 궁핍하므로 말하는 것이 아니니라 어떠한 형편에든지 나는 자족하기를 배웠노니, 나는 비천에 처할 줄도 알고 풍부에 처할 줄도 알아 모든 일 곧 배부름과 배고픔과 풍부와 궁핍에도 처할 줄 아는 일체의 비결을 배웠노라. 내게 능력 주시는 자 안에서 내가 모든 것을 할 수 있느니라"

이 말씀은 사도 바울이 감옥에서 쓴 것입니다. 그렇다면 바울이 지금 감옥에 있는 상태를 만족한다는 말입니까? 아닙니다. 감금의 상태가 힘들고 불편했습니다. 디모데에게 쓴 편지를 보면 처절하기까지 합니다. 그런데 왜 자족한다고 한 것입니까? 성도의 자족이라는 것은 상태에 대한 만족이 아닙니다. 하나님의 주권에 대한 만족, 즉 하나님에 대한 순종의 상태를 말하는 것입니다. 하나님께서 당신의 계획을 완성하시기 위해 자신을 그 상태에 던지셨다는 것을 인정하자, 불만이 없었던 것입니다. 그리고 그 일의 결과는 최고의 선으로 결론지어질 것을 알았기 때문입니다.

마태 자신은 마태복음에서 언제나 자신을 가리켜 '세리 마태'라고 부릅니다.

이것은 자신이 누구였는지를 결코 잊지 않고 예수님이 자기같이 천한 사람을 제자로 불러 주실 정도로 큰 은혜를 베푸셨음을 항상 감사하고 기억하고 싶었기 때문입니다.

마음의 묵상

'경영의 신'으로 불리는 일본의 마츠시다 고노스케 회장은 이렇게 고백합니다.

"나는 하나님께서 주신 세 가지 은혜 덕분에 크게 성공할 수 있었다."

그 세 가지는 바로 가난과 허약함, 그리고 못 배움입니다.

첫째, 집이 몹시 가난했기 때문에 어릴 적부터 구두닦이와 신문팔이 같은 고생을 하는 사이에 세상을 살아가는 데 필요한 많은 경험을 얻을 수 있었다는 것입니다.

둘째, 태어날 때부터 몸이 몹시 허약해서 항상 운동에 힘써 왔기 때문에 늙어서도 건강하게 지낼 수 있게 되었다는 것입니다.

셋째, 초등학교도 못 다녔기 때문에 세상의 모든 사람들을 모두 나의 스승으로 여기고, 누구에게나 물으며 열심히 배우는 일에 게을리하지 않았다는 것입니다.

나의 감사 찾기 _____

_____

_____

_____

_____

_____

_____

우리가 세상에 아무것도 가지고 온 것이 없으매 또한 아무것도 가지고 가지 못하리니 우리가 먹을 것과 입을 것이 있은즉 족한 줄로 알 것이니라
(디모데전서 6장 7~8절)

우리가
행복해야 하는 이유

당신이 전쟁의 위험을 경험한 적이 없고 외로운 감옥생활을 해 보지 않았으며
고문의 괴로움을 맛보지 않고 배고픔의 고통이 없었다면,
당신은 지금 이 순간 고통을 당하는 또 다른 500만 명보다 낫습니다.

지금 세계에는 65억의 인구가 살고 있습니다. 그런데 만일 이것을 100명이 살고 있는 마을로 축소시킨다면 어떻게 될까요?

100명 중 61명은 아시아인이고, 13명은 남북 아메리카인, 13명은 아프리카인, 12명은 유럽인, 나머지 1명은 남태평양인입니다. 52명은 여자, 48명은 남자이며 47명은 도시에 살고 있고 9명은 장애인입니다. 33명은 크리스천이고 18명은 무슬림이며, 6명은 불교, 4명은 힌두교를 믿습니다. 16명은 종교를 갖고 있지 않으며 13명은 또 다른 종교를 갖고 있습니다. 17명은 중국어로 말하며 9명은 영어, 8명은 힌두어, 6명은 스페인어, 또 다른 6명은 러시아어, 4명은 아랍어로 말합니다. 나머지 50명은 벵골어, 프로

투칼어, 인도네시아어, 일본어, 독일어, 프랑스어, 한국어 등 다양한 언어로 말합니다.

이 마을 모든 재산 가운데 59%를 6명이 소유하고 있습니다. 39%를 74명이 차지하고 있으며, 겨우 2% 밖에 안 되는 재산을 20명이 나누어 갖고 있습니다. 이 마을 모든 에너지 중 80%를 20명이 사용하고 있고 나머지 20%를 80명이 나누어 쓰고 있습니다.

만일 당신이 은행 예금계좌나 지갑에 돈이 있고 얼마의 동전이 접시에 담겨 있다면, 당신은 가장 부유한 8명 안에 듭니다. 반면에 18명은 1,000원도 안 되는 돈으로 하루하루를 버티기에도 힘듭니다. 그보다 나은 53명은 2,000원 이하를 쓰며 하루하루를 겨우 보낼 수 있습니다.

자가용 차량을 소유한 자는 100명 중 7명이며, 오직 12명만이 컴퓨터를 갖고 있습니다. 그 중 3명만이 인터넷을 할 수 있습니다. 중등교육 이상을 받은 사람은 7명이며, 대학교육을 받은 사람은 1명뿐입니다. 그러나 14명은 글조차 읽을 수 없는 문맹입니다.

만일 당신이 냉장고에 음식을 보관하고 있고, 옷장에 옷을 넣어 둘 수 있으며 잠을 잘 침대나 전기장판이 있고 눈과 비를 막아줄 지붕이 있는 집에 산다면, 당신은 75명 보다 부유합니다. 더욱이 당신이 한두 번이라도 비행기를 타고 국내 또는 해외 관광을 한 사실이 있다면 당신은 10명 안에 드는 선택받은 사람입니다.

만일 당신이 공습이나 폭격, 지뢰 등으로 인한 사망이나 무장

단체의 납치, 테러 및 강간 등과 같은 공포에 떨며 살지 않는다면 그렇지 않은 20명보다 축복받은 사람입니다. 또한 당신이 어떤 괴롭힘이나 체포와 고문 그리고 죽음을 두려워하지 않고 당신의 신념과 양심에 따라 자유롭게 말하고 행동할 수 있다면, 그렇지 못한 43명 보다 축복받은 사람입니다.

만일 당신이 오늘 아침에 병들지 아니한 자로 일어났다면, 당신은 이번 주를 넘기지 못하는 수백만 명의 사람들보다 축복받았습니다. 당신이 전쟁의 위험을 경험한 적이 없고 외로운 감옥생활을 해 보지 않았으며 고문의 괴로움을 맛보지 않고 배고픔의 고통이 없었다면, 당신은 지금 이 순간 고통을 당하는 또 다른 500만 명 보다 낫습니다.

만일 당신이 체포·고문 혹은 죽음의 위험이 없이 교회에 갈 수 있다면, 당신은 세계 30억 명의 사람들보다 축복받았습니다. 만일 당신의 부모 모두가 살아 계시고 이혼하지 않았다면, 미국에 서조차 당신은 드문 예입니다.

만일 당신이 미소를 머금은 채 머리를 들고 진정으로 감사할 수 있다면, 당신은 축복받은 사람입니다. 오직 성숙한 사람만이 그럴 수 있으며 대부분의 사람은 그러하지 못하기 때문입니다. 또한 오늘 당신이 누군가와 손을 맞잡을 수 있고 포용할 수 있으며 어깨를 두드려 줄 수 있다면, 당신은 축복받은 사람입니다. 왜냐하면 당신은 치유의 손길을 줄 수 있기 때문입니다.

당신이 행복해야 할 큰 이유는 지금 당신이 살아 있다는 사실입니다. 아름다운 지구 마을에 살고 계신 당신, 당신이 지금 갖고 있는 것에 대하여 언제나 감사하십시오. 그리고 삶의 맛을 깊이 음미하며 하루하루, 순간순간을 소중히 여기며 살아가십시오. 또한 아름다운 눈으로 세상을 긍정적으로 보며 더 많은 것들을 마음을 다해 사랑하십시오. 그리하면 언젠가 당신은 스스로도 진정 행복한 삶을 살았노라고 당당하게 말할 수 있을 것입니다.

마음의 묵상

우리는 무엇을 위해 결혼을 합니까? 사랑입니까, 아니면 상대방의 덕을 좀 보자는 것입니까?

서로 나 같은 사람과 살아 주어서 감사하다는 마음으로 결혼하고, 그런 마음으로 살아야 합니다. 서로 덕을 보자는 마음으로 결혼하고, 그런 마음으로 살아가기 때문에 다툼이 일어납니다.

'내가 그래도 저 사람하고 살면서, 그래도 덕 좀 보았다는 생각이 들도록 해 줘야지' 하면 행복할 수 있습니다.

나의 감사 찾기

_____

_____

_____

_____

_____

_____

_____

_____

_____

_____

_____

_____

_____

내가 평안히 눕고 자기도 하리니 나를 안전히 살게 하시는 이는 오직 야훼이시니이다

(시편 4편 8절)

똥지게 지고 가는
선교사

이름도 알 수 없는 그 백인 선교사.
한국 땅에 들어와 험한 땅에서 가장 더러운 일을 마다하지 않던
그가 있었으므로 지금 우리가 있다고 말했습니다.

박태수 선교사의 '보이지 않는 세계가 더 넓다'라는 책을 읽었습니다. 박 선교사는 CCC 국제본부 개척선교팀 책임자로서, 죽음을 무릅쓰고 지구촌 땅끝을 다니며 미전도종족에 복음을 전하고 있습니다.

이 책에 실린 '똥지게 지고 가는 선교사'를 소개합니다.

정 선생은 대기업의 해외담당 책임자로 일하다가 은퇴하고 딸과 함께 캐나다로 이민을 떠났습니다. 그는 거기서 구두 수선공으로 일하였습니다. 백화점 복도 구석에서 그는 일하는 삶이 아름답다며 낡고 냄새 나는 구두를 뜯고 닦았습니다. 그러다가 우연히 이웃 교회에서 전도훈련을 받고, 전도하는 삶의 기쁨을 발견했습니다. 작은 구두방에서 구두를 고치는 일에 더하여 복음을

전하였습니다. 평범한 회사원부터 기업의 회장, 지역 국회의원, 청소부 아저씨도 정 선생의 구두방에서 복음을 듣고 예수님을 만났습니다. 그렇게 만난 사람들이 1,000명이 넘습니다.

그가 아시아의 한 이슬람 국가에 오게 된 것은 그가 출석하는 교회 담임목사님의 요청 때문이었습니다. 먼저 그 가난한 나라를 돌아본 목사님이 정 선생을 찾아와 부탁하였습니다.

"정 선생님, 그곳은 호두 같은 나라입니다. 밖에서 보기에는 흉악한데 안에 들어가 보니 사람들의 마음이 얼마나 부드러운지 모르겠어요. 그런데 그들이 가난하고 병들어서 얼마나 불쌍한지 모르겠습니다."

목사님의 설명을 들은 지 꼭 넉 달 만에 정 선생 부부는 이 나라로 이사를 왔습니다. 그들은 이곳에서 가장 나이 많은 사역자였습니다. 대기업 간부였다는 소리는 입 밖에 내지 않았으며, 단지 캐나다에서 구두방을 하다 왔다고 알려졌습니다. 그런 과거(?) 때문에 아무도 그들을 주목하지 않았습니다. 두 부부는 어디든 자유롭게 다닐 수 있었습니다. 그들이 맡은 지역은 이 나라에서 가장 험한 산악지역이어서 다른 사람들이 잘 가지 않았습니다. 아무리 성능 좋은 차로도 18시간 넘게 걸리는 곳이었습니다. 길도 제대로 나 있지 않은, 만년설 쌓인 산을 넘어가야 했습니다. 젊은이도 지쳐 앓아눕는다는 강행군을 부부는 마다하지 않았습니다.

그곳은 물이 없어 오염된 개울물을 마시다가 병에 걸리고 죽는 일이 다반사인 곳이었습니다. 부부는 마을에 우물을 파기 시작했습니다. 하지만 아무리 파도 오염된 땅에서는 오염된 물만 나왔습니다. 중장비를 불러야 했습니다. 부부는 백방으로 사람을 찾았습니다. 한 마을의 생사가 우물 하나에 달려 있었음으로 중요한 일이었습니다. 재료비는 예상의 두 배가 들어갔습니다. 부부의 생활비도 반으로 삭감됐습니다. 우여곡절을 거쳐 다섯 달 만에 우물이 생겼습니다. 그 사이 부부는 이 마을을 수십 번도 더 오르내렸습니다. 땅바닥에서 잠을 자고, 냄새 나는 사람들과 생활하였습니다. 맑고 단 물이 펌프를 통해 콸콸 쏟아지던 날, 부부는 우물물만큼 눈물을 쏟았습니다. 전쟁 중에 총을 맞아 눈알이 돌아간 아이를 만났습니다. 잘못하면 눈이 속에서 썩을 수도 있겠다 싶었습니다.

"우짜면 좋노. 이 아이 불쌍해서 우짜노!"

부부는 아이를 붙잡고 울었습니다. 끼니도 제대로 잇지 못하는 형편에 수술은 어림도 없었습니다. 안과의사도 없는 곳이었습니다.

"우리 이 아이 데리고 갑시다. 데리고 가서 어떻게든 해봐야 안 되겠는교?"

부부는 아이를 데리고 도시로 내려와 의사를 찾아다녔습니다. 안과의사가 안 나타나자 부부는 기도하기 시작했습니다. 얼마 안 되어 미국에서 온 선교사가 안과의사라는 소식을 접했습니다. 부부는 한달음에 달려가 도움을 청했습니다. 선교사는 기꺼이 아이를 도왔습니다. 수술 일정이 잡혔을 때 부부는 아이를 앉혀 놓고 이야기 하나를 꺼냈습니다. 사람이 어떻게 하면 의미 있게 살다 가 가는지, 그 소망과 의미를 주는 분이 또 누구인지…. 이야기가 끝났을 때 아이는 대답했습니다.

"선생님이 믿는 분이라면 저도 믿겠습니다. 그분은 분명 좋은 분일 것입니다."

수술은 성공적이었습니다. 정 선생 가정에서 예배를 드릴 때, 내가 본 개화기 우리나라 풍경을 담은 사진 한 장을 소개했습니다. 한 백인이 지저분한 개울 옆으로 똥지게를 지고 걷는데, 모시 적삼을 입었고 짚신을 신었습니다. 개울에서 빨래하는 여인들이 놀라지 않는 것으로 보아 그곳에 오랫동안 산 듯했습니다. 똥지게를 진 자세도 자연스러웠습니다. 이름도 알 수 없는 그 백인 선교 사, 한국 땅에 들어와 험한 땅에서 가장 더러운 일을 마다하지 않 던 그가 있었으므로 지금 우리가 있다고 말했습니다.

정 선생은 그날부터 자신을 '똥지게 지는 선교사'로 소개했습니다. 진통제와 아이들에게 나누어 줄 알사탕을 한 가방 안고 그곳 사람들이 타고 다니는 닭장 같은 버스를 타고 열 시간도 더 걸리 는 시골까지 들어갔습니다. 풍토병으로 고름이 흐르는 사람을 씻 어 주고, 배가 남산 만하게 부풀어 오른 부인을 지극정성으로 치 료하였습니다. 그들은 똥지게보다 더한 것을 지고 가는 선교사들 이었습니다.

인생에서 중요한 것은 좋은 스승, 좋은 친구, 좋은 사람을 많이 가지는 일입니다. 그리고 그 인간관계의 포인트는 정직과 감사입니다. 감사의 향기는 저절로 퍼져 나가 주위 사람들을 행복으로 물들이는 법입니다.

어떤 미국의 노신사는 은퇴 후, 자신의 인생에서 가장 값진 일을 해야겠다고 결심했습니다. 그것은 삶의 여정 동안 자신에게 도움을 주었던 고마운 분들에게 편지를 쓴 후, 직접 찾아가서 읽어 주는 감사편지 여행을 계획한 것입니다. 미국 전역을 돌며 고마운 분들을 찾아 편지를 읽어 주고 감동을 나누게 된 노신사의 이야기는 책으로도 엮어졌다고 합니다.

나의 감사 찾기 _____

_____

_____

_____

_____

_____

_____

_____

_____

_____

_____

우리가 아직 죄인 되었을 때에 그리스도께서 우리를 위하여 죽으심으로 하나님께서 우리에 대한 자기의 사랑을 확증하셨느니라

(로마서 5장 8절)

빠지기 쉬운
'사탄의 유혹'

사탄은 우리를 나태와 쾌락으로 유혹합니다.
때로는 절망으로 우리를 쓰러뜨리기도 합니다.
하나님에 대한 믿음과 감사로 이런 사탄의 유혹을 이겨 낼 수 있습니다.

기독교의 대표적인 변증가이자 작가인 C. S. 루이스가 쓴 '스크루테이프의 편지'란 책이 있습니다. 이 책은 스크루테이프란 악마 삼촌이 그의 조카이자 풋내기 악마인 웜우드에게 보내는 31통의 편지로 구성되어 있습니다. 한마디로 악마가 인간들을 유혹해 파멸로 이끄는 방법들을 묶은 것입니다.

사탄의 부하인 스크루테이프는 특별히 인간을 유혹해서 죽은 후 지옥으로 끌고 가는 일을 맡은 조직의 관리자 급 인사입니다. 이 책의 내용 중 하나를 소개합니다.

어떤 영국의 노신사가 도서관을 찾아갔습니다. 노신사는 여러 가지 책을 뒤적이다가 신앙에 관한 책을 한 권 읽게 되었습니다. 그 책을 읽으면서 그 노신사의 마음속에는 하나님에 관한 생각이

싹트기 시작했습니다.

'하나님은 어떤 분일까?'

'나는 그분과 어떤 관계를 맺어야 할까?'

이런 생각을 하고 있는 노신사에게 그 순간 마귀가 찾아왔습니다.

'점심시간이야. 뭘 그렇게 생각해? 점심이나 먹어.'

그 순간, 노신사는 하나님에 대해 생각하려는 것을 멈추고 식탁으로 갔습니다.

점심을 먹다가 또 갑자기 다시 하나님에 대한 생각이 마음속에 일기 시작했습니다.

'하나님은 과연 어떤 분일까?'

그런 생각을 하자 악마가 다시 그 마음속에 속삭였습니다.

'밥 먹는데 뭘 골치 아프게 그런 생각을 하나? 우선 식사나 끝내.'

점심식사가 끝났습니다.

또다시 하나님에 대한 생각이 가슴속에 일어났습니다. 그러자 악마가 다시 속삭였습니다.

'오늘은 너무 바빠. 그런 건 한가할 때 생각해.'

그에게는 아무런 변화도 없이, 다른 때와 똑같은 모습으로 집으로 돌아가고 있었습니다. 그런 노신사의 뒷모습을 보면서 악마는 회심의 미소를 지었습니다.

미국의 신학자인 프랭크 미드(Frank Mead)의 우화 중에 있는 이야기입니다. 사탄이 부하들에게 현상금을 걸고 문제를 하나 냈습니다. 바로 기독교인들을 지옥으로 가게 하는 술책을 묻는 내용이었습니다.

'이론'이란 이름의 작은 악마가 이렇게 말했습니다.

"하나님이 없다는 것을 이론적으로 설득하면 됩니다."

여기에 사탄이 말합니다.

"안 된다. 그들은 하나님이 있다는 것을 마음속에 지니고 있어."

그러자 '의심'이라는 작은 악마가 말했습니다.

"의인이 고생하고 악인이 잘 사는 것을 계속 보여 주면 신앙을 버릴 것입니다."

사탄은 다시 말합니다.

"안 된다. 그들은 조만간 의인의 승리를 알게 되니까."

한참 후, '나태'란 이름을 가진 작은 악마가 말했습니다.

"기독교인을 지옥으로 보내는 방법은 아주 간단합니다. '서두르지 마, 서두르지 마(No hurry, No hurry)' 라고만 말하면 됩니다."

사탄은 흡족해 했습니다. 이 대답이 당선작이었습니다.

믿음도 좋고 부지런한 한 젊은이가 있었습니다. 하나님도 그를 사랑하셨고 사람들도 그를 칭찬했습니다. 그러나 원수 마귀는 그를 아주 싫어했습니다.

어느 날 마귀가 그 젊은이를 유혹하기 위해 꾀를 하나 냈습니다. 그 젊은이에게 열 개의 병을 내어 보이면서 한 개에는 독약이, 나머지 아홉 개에는 꿀물이 들어있는데 만일 꿀물을 고르면 평생 쓰고도 남을 만한 황금을 주겠다고 했습니다.

그 젊은이는 열 개 중에 아홉 개가 꿀물이니 한 번 해보자는 생각으로 병을 하나 골랐는데 운 좋게도 꿀물이 들어 있는 병을 골랐습니다. 마귀는 약속대로 그에게 황금 덩어리를 주면서 황금이 떨어지면 또 오라고 했습니다.

땀을 흘리지 않고 얻은 큰 재물로 인해서 젊은이는 더 이상 일을 할 필요가 없어졌습니다. 그 젊은이는 그만 도박에 빠져서 돈과 집을 모두 잃게 되었습니다. 그리고 그는 다시 마귀를 찾았습니다. 그는 그때도 꿀물을 골라서 다시 황금을 받을 수 있었습니다.

그런데 이상하게도 그 젊은이는 그 후로도 계속 꿀물만 골랐습니다. 젊은이는 운이 너무 좋다고 생각했지만, 사실 원수 마귀는 처음부터 꿀물만 갖고 있었던 것입니다. 황금으로 그 젊은이를 유혹해서 시간을 낭비하도록 만들려고 했던 것입니다.

사탄은 우리를 나태와 쾌락으로 유혹합니다. 때로는 절망으로 우리를 쓰러뜨리기도 합니다.

우리는 하나님에 대한 믿음과 감사로 이런 사탄의 유혹을 이겨 낼 수 있습니다.

악마가 속삭였습니다.

'오늘은 너무 바빠. 그런 건 한가할 때 생각해.'

그에게는 아무런 변화도 없이, 다른 때와 똑같은 모습으로

집으로 돌아가고 있었습니다. 그런 노신사의 뒷모습을 보면서

악마는 회심의 미소를 지었습니다.

어린 소년이 잠잘 시간이 되어 자기의 침대 속으로 기어들어 갔습니다. 잠들기 전 소년은 아버지의 침대가 있는 쪽을 향해 물었습니다.

"아빠, 거기 계시지요?"

"그래 아들아, 아빠 여기 있단다."

이 대답이 들려오면 소년은 아무런 두려움 없이 잠을 청했습니다.

이제 그때의 그 소년은 칠십 노인이 되었습니다. 노인은 늘 그래왔던 것처럼 잠자리에 들기 전에 하늘에 계신 하나님 아버지를 향해 묻습니다.

"아버지, 거기 계시지요?"

그러면 힘 있고 분명하게 소리가 들려옵니다.

"그래 아들아, 내가 여기 있단다."

나의 감사 찾기 _____

_____

_____

_____

_____

_____

_____

_____

_____

야훼께서 자기 백성의 상처를 싸매시며 그들의 맞은 자리를 고치시는 날에는 달빛은 햇빛 같겠고 햇빛은 일곱 배가 되어 일곱 날의 빛과 같으리라 (이사야 30장 26절)

"아니야,
우리가 미안하다!"

"…어려운 상황 속에서도 이 아이들 편에 서서 일할 수 있는 것은
'그들도 하나님 안에서 변화되어
대한민국의 희망이 되고 주역이 될 수 있다는 소망' 때문입니다."

소년범의 대부라고 불리는 천종호 판사님이 계십니다. 부산 가정법원의 소년부 담당 부장판사로 판사경력 20년이 넘은 독실한 크리스천입니다. 청소년들을 사랑하는 마음이 지극하여 '소년범의 아버지'로 불리고 있습니다.

원래 어릴 때 아홉 명의 식구가 단칸방에서 지낼 정도로 가난한 달동네 출신이어서, 너무나 뼈저린 가난을 경험했습니다.

"내가 성공해 우리 가족을 편하게 살게 해야 되겠다."

이것이 그의 꿈이었고, 그 목표로 공부에 전념해 판사에 이르게 되었습니다.

학창 시절 친구가 그를 전도했습니다. 덕분에 예수를 믿고 하나님의 자녀가 되었는데 법조계에 들어서면서 성공해야 하겠다는

일념으로, 빨리 출세하려는 마음이 앞섰습니다.

"내가 법조계에 오랫동안 자리 잡고 있으려면 인맥을 쌓아야겠다."

그래서 저녁마다 교제를 쌓기 위해 술 먹는 자리에 나가게 됩니다. 우리나라의 잘못된 문화가 술 문화입니다. 그렇게 인맥을 쌓으려고 10년 가까이 거의 매일 교제 술자리를 하다시피 했는데 독실한 크리스천 아내가 이렇게 말합니다.

"이렇게 살려고 판사가 됐어요? 부와 명예가 그렇게 중요해요?"

그 말이 주님의 음성으로 들려왔습니다. 그 자리에서 회개하고 성공을 위해 쌓은 인맥과 술을 끊었습니다.

"이제 가난한 자, 약자를 위한 판사가 되겠습니다."

천 판사는 하나님 앞에서 결단하고 결심했습니다. 출세를 위해 법조인이 되기로 했지만, 예수를 믿고 나서부터는 목표가 달라졌었는데, 아내의 충고와 권면이 아니었다면 그만 목표를 잃을 뻔했습니다.

천 판사님은 소년부 재판을 담당하면서 소년범의 문제는 처벌보다 사랑이 우선이며 가정의 문제임을 깨닫게 되었습니다. 그래서 배고픈 아이들에게 먹을 것을 사주고 용돈도 주며 용서를 비는 아이들에게 오히려 어른들의 잘못을 고백했습니다.

"아니야, 우리가 미안하다"

이것이 천판사님의 고백입니다.

그는 법정에서 이렇게 한답니다.

먼저 아이들이 자신의 죄를 깨닫도록 호통을 친 다음 무릎 꿇고 부모에게 용서를 빌게 합니다. 그리고, '아버지 어머니 사랑합니다'를 열 번 외치게 합니다.

그러면 부모님은, '미안하다'고 하면서 아이를 끌어안고 함께 웁니다. 이때 방청객과 아이들, 판사까지 함께 울면서 딱딱한 법정은 화해와 눈물의 장소가 됩니다.

그리고 소년원에서 나온 후 갈 곳 없는 아이들을 위해 2010년부터 개인 주머니를 털고 기독 교계와 사회복지 계를 찾아다니며 후원을 받아 '사법형 그룹홈'을 만들었는데 현재까지 열세 곳을 세웠습니다.

'그룹홈'에 사는 아이들이 놀랍게 변했습니다. 천판사와 함께 40일 동안 새벽기도를 드리기도 하고 세례 받고 성경암송대회 상을 받고 학교에 복귀해서 모범적인 생활을 하고 일반 소년범의 재범률이 70%인데 그룹홈 출신의 재범률은 18%라고 합니다.

저의 바람은 탕자가 집으로 돌아왔을 때 사랑으로 그 아들을 맞이한 아버지처럼, 비행 청소년들을 '처벌'이 아닌 '사랑'으로 감싸 주어서, 이 아이들이 '하나님'을 만나고 그 사랑으로 '치유 받는 은혜'를 경험하게 하는 것'입니다. 어려운 상황 속에서도 이 아이들 편에 서서 일할 수 있는 것은 '그들도 하나님 안에서 변화되어 대한민국의 희망이 되고 주역이 될 수 있다는 소망' 때문입니다.

진정한 의로움은 사랑을 동반해야 하는 것입니다.

마음의 묵상

"주여 내 잘못된 모습을 회개하고 돌이켜 주님이 기뻐하시는 모습으로 살아가게 하여 주시옵소서."

아프리카 짐바브웨의 갱단에서 부랑아로 살던 스티븐 룽구(Stephen Lungu)는 훗날 선교사가 되어 자신을 '예수님을 업고 가는 아프리카의 당나귀'라고 말했습니다. 부모에게 버림받고 집 없이 다리 밑에 살며 가출한 또래들과 '검은 그림자'라는 갱단을 만들어 마약과 살인, 폭행, 강도짓을 하며 백인들의 통치에서 벗어나 흑인들의 땅으로 바꾸자는 청년 동맹에 1950년대 말에 참여해 공공시설에 폭탄을 떨어뜨리고 많은 사람들에게 피해를 입히고 살인을 저질렀던 사람입니다.

어느 날 그가 교회를 폭파시키려고 예배드리는 장소에 들어갔다가 성령의 역사로 꼬꾸라져 회개하고 예수를 믿게 되었습니다. 눈물로 회개하고 변화되어 선교사님의 도움을 받아 선교사가 되고 아프리카뿐만이 아니라 미국, 영국, 호주 등 전세계에 다니며 복음을 전하는 사역자가 되었습니다.

나의 감사 찾기 _____

_____

_____

_____

_____

_____

_____

_____

너희가 내 안에 거하고 내 말이 너희 안에 거하면 무엇이든지 원하는 대로 구하라
그리하면 이루리라   (요한복음 15장 7절)

"오, 주 나의 하나님이여, 나의 삶을, 나의 삶의 모든 영역을
찬양으로 충만케 하사 나의 전 존재가
주님을 찬양하게 하소서. 입술로만 하는 찬양이 아니라,
마음으로만 하는 찬양이 아니라 나의 삶 전체가
찬양으로 가득 넘치게 하여 주소서."

호라 티오보나

5부

마음을 적시는 찬양

주 예수보다 더
귀한 것은 없네

주 예수보다 더 귀한 것은 없네

이 세상의 부귀와 바꿀 수 없네.

유혹과 핍박이 몰려와도

주 섬기는 내맘 변치 못해

세상 즐거움 다 버리고, 세상 자랑 다 버렸네

주 예수보다 더 귀한 것은 없네

예수밖에는 없네

이 아름다운 찬송 시는 미국 나사렛 감리교회 뤼 밀러 목사 부인이 1922년에 쓴 것입니다. 밀러 부인은 후에 역시 목회자의 아내가 된 한 여인에게 이 시를 주었습니다. 그 여인은 이 시를 10여 년간 애송하며 고이 간직하고 있다가, 결정적인 때에 아들에게 주었습니다. 그 아들이 바로 '주 예수보다 더 귀한 것은 없네' 찬송의 작곡자 조지 비벌리 쉬어(George Beverly Shea)입니다. 쉬어가 이 찬송을 작곡하게 된 배경 이야기는 큰 은혜가 됩니다.

그 시기는 미국의 대공황으로 많은 사람이 경제적인 어려움을 당하고 있던 때였습니다. 조지 쉬어 역시 대공황으로 인해 학비를 더 이상 감당할 수 없어 하우틴 대학을 중퇴하고 부모의 권유에 따라 뉴욕 상호보험회사에 취업을 했습니다. 하지만 그는 여전히 경제적으로 어려운 상황이었습니다.

그런데 그는 음악에 천부적인 재능이 있어 아버지가 목회하던 교회에서 매주 성가를 부르곤 했습니다. 그러던 중, 1931년 NBC 공개홀에서 당시 방송편성책임자 프리드 알렌의 주선으로 라디오 공개방송에서 노래할 수 있는 기회를 얻게 되었습니다. 수많은 방청객 앞에서 그는 흑인영가 '가라 모세'를 불렀습니다. 그의 찬양은 방송을 통해 전 미국국민에게 울려 퍼져 대단한 인기를 모으게 됐습니다. 갑자기 그는 유명스타가 됐습니다.

때마침 시카고 방송국에서 전속가수를 선발한다는 공고가 나왔습니다. 당시 1,500여명이나 되는 많은 사람들이 지원했는데, 쉬어는 어려운 모든 과정을 뚫고 당당히 전속가수로 선발되었습니다. 그것은 경제적 문제의 해결은 물론 명예와 인기가 따르는 아주 좋은 기회였습니다.

그는 너무 기뻐 잠을 이룰 수가 없었습니다. 하지만 그의 마음에는 기쁨보다 두려움이 앞섰습니다. 그의 어머니 역시 자식이 프로가수의 길로 가다 보면 부와 쾌락에 노출되어 신앙과 멀어질 것을 우려했습니다. 그래서 자신의 신앙간증이자 믿음의 지침이 되어 주었던 밀러 부인의 시를 아들에게 보내주었습니다. 앞길에 대한 번민과 함께 기도를 해 왔던 조지 쉬어는 어머니가 보내 준 시를 보면서 부와 명예를 택할 것인지, 아니면 예수만을 따를 것인지 선택의 기로에 서게 됐습니다.

그러던 어느 날 그는 교회에서 부를 찬송을 연습하다가 이 시를 생각하고 순간 하나님께서 주시는 영감을 따라 피아노를 치면서 곡을 붙이기 시작했습니다. 오늘날 우리가 즐겨 부르는 찬송가 '주 예수보다 더 귀한 것은 없네'는 이렇게 탄생됐습니다. 그는 바로 주일예배에서 이 찬송을 불렀고, 많은 교인들이 큰 감명을 받았습니다.

다음 날 시카고 방송국에서 전화가 왔습니다. 전속가수로 선발된 그와 앞으로의 구체적인 일정을 의논하기 위해서였습니다. 그때 쉬어는 이렇게 대답했습니다.

"정말 죄송합니다. 저는 이제부터 하나님께서 주신 음악의 재능을 오직 하나님의 영광만을 위해서만 사용하기로 결심했습니다."

그는 1947년 빌리 그레이엄 전도대회의 찬양가수가 되어 주님의 영광을 높였습니다. 그 후 평생을 주님의 종으로, 찬양전도자로서의 길을 걷게 되었습니다. 1973년 한국에서 빌리 그레이엄 전도집회가 열렸을 때도, 그는 이 찬송을 불러 한국인들에게 깊은 감동을 주기도 했습니다.

1983년 7월 15일 밤 네덜란드 암스테르담에 있는 센트룸 라이 회관에서 세계 순회전도자 대회가 있었을 때, 그는 70세가 넘은 고령임에도 불구하고 전세계에서 모여든 5천여 명의 순회전도자들 앞에서 심령을 쥐고 흔드는 이 찬양으로 은혜를 끼쳤습니다. 그가 누구인지를 알아보고 기립해서 갈채를 보내는 사람들에게 그는 이렇게 말했습니다.

"보내 주신 찬사, 감사합니다. 하지만 동역자 여러분! 이 갈채조차도 그리스도와는 바꿀 수 없습니다."

이 찬송가를 부르는 곳마다 눈물의 바다가 흘러내렸습니다. 사람들은 이 곡을 '눈물의 찬송'이라고 불렀습니다.

유명한 오페라 가수인 할버턴(Hilding Halverton)이 다음과 같은 고백을 했습니다.

"어느 날 내 아들과 이웃집 아이의 대화를 우연히 들었습니다.

이웃집 아이가 '우리 아버지는 시장님을 잘 안다'고 했습니다.

그러자 내 아들이 '우리 아버지는 하나님을 잘 안다'고 대꾸했습니다.

이 말을 들은 나의 눈에서는 갑자기 눈물이 쏟아지기 시작했고 나는 서재로 들어가 실컷 울었습니다."

나의 감사 찾기

_____

_____

_____

_____

_____

_____

_____

_____

_____

_____

_____

야훼께서 주시는 복은 사람을 부하게 하고 근심을 겸하여 주지 아니하시느니라
(잠언 10장 22절)

주님의 뜻을
이루소서

하나님께서 선교사의 길을 열어 주실 것이라고 믿으며 기도했습니다.
하지만 응답은 오지 않았습니다.
그녀는 하나님께서 왜 자신의 간구를 듣지 않으시는지, 과연 자신의 기도를
들으시기는 하는 것인지 마음이 복잡해져 갔습니다.

"**주**님, 우리의 삶 가운데 어떤 일이 일어나도 좋사오니,
주님의 뜻과 섭리만이 우리에게 이루어지게 하옵
소서."

할머니가 기도하는 순간, 폴라드는 그동안 마음속에 가득했던
불평과 불만, 갈등과 괴로움이 모두 사라지는 것을 느꼈습니다.
할머니의 기도 속에서 자신에게 말씀하시는 하나님의 음성을 들
었던 것입니다. 하나님의 일을 한다고 하면서 자신의 뜻과 방법,
자신의 능력과 계획으로 하려고 했던 일이 얼마나 잘못되었는지
알게 된 순간이었습니다.

그날 기도회를 마치고 돌아오는 내내, 할머니의 기도 소리가 그
녀의 귓가에서 사라지지 않았습니다. 집으로 돌아와 예레미야를

읽던 중 18장 3절에서 4절까지, "내가 토기장이의 집으로 내려가서 본즉 그가 녹로로 일을 하는데 진흙으로 만든 그릇이 토기장이의 손에서 터지매 그가 그것으로 자기 의견에 좋은 대로 다른 그릇을 만들더라"는 말씀에 큰 은혜를 받았습니다.

이 말씀과 할머니의 기도를 마음에 담고, 폴라드가 그 밤을 꼬박 새우면서 쓴 찬송시가 바로 찬송가 '주님의 뜻을 이루소서'입니다.

"주님의 뜻을 이루소서 고요한 중에 기다리니
진흙과 같은 날 빚으사 주님의 형상 만드소서

주님의 뜻을 이루소서 주님 발 앞에 엎드리니
나의 맘속을 살피시사 눈보다 희게 하옵소서

주님의 뜻을 이루소서 병들어 몸이 피곤할 때
권능의 손을 내게 펴사 강건케 하여 주옵소서

주님의 뜻을 이루소서 온전히 나를 주장하사
주님과 함께 동행함을 만민이 알게 하옵소서"

아델라이데 에디슨 폴라드는 1862년 11월 27일 미국 아이오와주 볼룸필드에서 태어났습니다. 그녀는 자신의 모든 것을 바쳐서 복음을 전하는 일에 헌신하면, 모든 길이 형통할 것이라고 생각했습니다. 하지만 생각과는 달리 그녀의 길은 열리지 않았으며,

아프리카 선교를 위해 계획했던 모금 운동도 중단되고 말았습니다. 그러나 폴라드는 좌절하지 않았습니다. 기독교 선교사 연합훈련학교에서 열심히 가르치면서, 하나님께서 선교사의 길을 열어 주실 것이라고 믿으며 기도했습니다. 하지만 응답은 오지 않았습니다. 그녀는 하나님께서 왜 자신의 간구를 듣지 않으시는지, 과연 자신의 기도를 들으시기는 하는 것인지 마음이 복잡해져 갔습니다.

그러던 어느 날 그녀의 나이 마흔 살이 되었을 때의 일입니다. 그날도 복잡한 마음을 안고 저녁기도회에 참석했는데 그때 그 할머니의 기도를 들은 것입니다. 그 후, 폴라드 여사는 자신의 생애를 오직 하나님의 뜻에 맡겼습니다. 하나님께서는 그녀를 남아프리카 케이프타운에서 선교사역을 하도록 인도하셨습니다. 주님의 뜻에 맡기자 모든 길이 형통하게 열렸습니다.

또 전쟁이 나자 스코틀랜드로 건너가 전쟁이 끝날 때까지 그곳에서 선교활동을 하였습니다. 후에는 뉴욕으로 돌아와 뉴잉글랜드주에서 전도사역을 했습니다. 폴라드 여사는 병약한 몸으로 마지막 순간까지 복음을 전했습니다.

미국의 철학자인 클레이플 교수가 한 친구의 집을 방문했습니다. 그는 그곳에서 두 팔과 두 다리가 없는 친구의 여동생을 보고 깜짝 놀랐습니다.

클레이플이 소녀에게 물었습니다.

"내가 네 처지였다면 아마 견디지 못했을 것이다. 무엇이 너를 이렇게 밝은 얼굴로 바꾸어 놓았니?"

소녀는 눈을 반짝이며 말했습니다.

"내가 가진 것은 너무나 많아요. 음악을 듣고 명작을 읽을 수 있는 귀와 눈이 있어요. 가족과 친구들의 사랑도 있고요. 그러나 무엇보다 소중한 것은 내 마음속에 예수 그리스도가 있다는 것입니다. 이렇게 보물이 많은데 왜 슬퍼해야 하나요."

클레이플 교수는 소녀의 고백에 큰 충격을 받았습니다. 그는 그 자리에서 신앙의 위대한 능력을 깨닫고 복음을 받아들였습니다.

나의 감사 찾기

_____

_____

_____

_____

_____

_____

_____

_____

너는 가서 기쁨으로 네 음식물을 먹고 즐거운 마음으로 네 포도주를 마실지어다 이는 하나님이 네가 하는 일들을 벌써 기쁘게 받으셨음이니라
(전도서 9장 7절)

내 구주 예수를
더욱 사랑

More
love
to
thee

"한때는 세상의 기쁨만 구했습니다. 하지만 그곳에는 평안과 쉼이 없었습니다.
이제는 주님만 바라봅니다. 오직 주님만이 기쁨이고 참된 평안입니다.
가장 선한 것을 주옵시고 바로 이것이 나의 기도가 되게 하소서."

엘리자벳 페이슨 프렌시스(Elizabeth P. Prentiss) 여사는 1818년 미국 메인 주 포틀랜드에서 태어났습니다. 그녀는 스물일곱에 조지 루이스 프렌시스 목사와 결혼했는데, 선천적으로 워낙 병약했기 때문에 침상에 누워 있는 시간이 많았습니다. 그러다 보니 사람들보다 하나님과 만나는 조용한 시간이 많았고, 영감이 떠오를 때마다 틈틈이 시를 써서 발표해 문단의 주목을 받았습니다.

프랜시스 여사가 결혼한 지 11년이 되던 1856년이었습니다. 그해에 유행했던 전염병으로 프렌시스 여사는 그만 사랑하는 두 자녀를 모두 잃게 되었습니다. 병약한 그녀로서는 견디기 어려운 시련이었습니다. 하나님께 헌신된 목회자 가정인데, 왜 이런 고통을 당해야 하는지 이해할 수가 없어 원망하고 방황하며 지냈습니다. 너무나 큰 슬픔을 이기지 못하고 있을 때, 어느 날 남편 프렌시스 목사가 이렇게 말했습니다.

"아이들이 하나님의 품에 먼저 안기었으니, 감사해야 하오. 이번에 오랫동안 설교를 통해 믿음으로 살라고 가르쳤던 바를 실생활에서 나타낼 좋은 기회가 되었구려. 하나님을 사랑하고 감사하면 할수록 우리가 하나님의 능력을 경험하는 기적이 일어난다오. 하지만 우리가 하나님을 덜 사랑하고 덜 감사하면 그만큼 손해가 나는 것이라오. 여보, 말씀과 믿음으로 새롭게 일어납시다."

사랑하는 남편의 위로와 하나님 말씀으로 새 힘을 얻은 프렌시스 여사는 다시금 일어섰습니다. 그러던 어느 날 성령의 감동에 따라 찬송시를 써 내려갔습니다.

"한때는 세상의 기쁨만 구했습니다. 하지만 그곳에는 평안과 쉼이 없었습니다. 이제는 주님만 바라봅니다. 오직 주님만이 기쁨이고 참된 평안입니다. 가장 선한 것을 주옵시고 바로 이것이 나의 기도가 되게 하소서."

이 찬송시가 바로 '내 구주 예수를 더욱 사랑'입니다.

1896년 프렌시스 목사는 그녀의 유품에서 이 시를 발견했습니다. 그는 이 시가 아이들을 모두 잃었을 때 시련을 딛고 일어나 아내가 쓴 시임을 알게 되었습니다.

프렌시스 목사는 이 시를 윌리엄 하워드 던에 보여 주고 작곡을 의뢰했습니다. 이 곡은 경건한 선율과 뜨거운 내용으로 곧 성도들의 애창곡이 되었습니다. 나아가 1970년 미국 대부흥운동이 일어났을 때에 미국 전역으로 널리 퍼져 더욱 알려지게 되었습니다.

내 구주 예수를 더욱 사랑 엎드려 비는 말 들으소서
내 진정 소원이 내 구주 예수를 더욱 사랑 더욱 사랑

이 전엔 세상 낙 기뻤어도 지금 내 기쁨은 오직 예수
다만 내 비는 말 내 구주 예수를 더욱 사랑 더욱 사랑

이 세상 떠날 때 찬양하고 숨질 때 하는 말 이것일세
다만 내 비는 말 내 구주 예수를 더욱 사랑 더욱 사랑

마음의 묵상

옛날 페르시아 고레스 왕 때 실제로 있었던 일입니다. 한 장군의 아내가 반역죄로 사형 언도를 받았습니다. 뒤늦게 전쟁터에서 그 전갈을 받은 장군은 한걸음에 달려 왕의 처소로 들어갔습니다. 그리고 장군은 고레스 왕에게 간청했습니다.

"제 아내 대신 제가 죽게 해 주십시오."

고레스 왕이 그 간청을 듣고 이렇게 말했다고 합니다.

"너희들의 사랑은 죽음도 끊을 수 없겠구나."

그러고는 이들을 둘 다 놓아 주었다고 합니다.

손을 잡고 나가면서 남편이 아내에게 말합니다.

"여보, 아까 왕께서 우리를 용서하실 때 우리를 바라보시는 그 눈을 보았소? 얼마나 자비하신 눈으로 우리를 쳐다보았는지 모르오."

아내가 대답했습니다.

"저는 한번도 왕을 쳐다보지 않았어요. 저는 오직 나를 위해 목숨을 버리겠다는 단 한 사람만 쳐다보고 있었어요."

우리에게는 그 장군과 비교조차 할 수 없는 남편이 있습니다. 망치를 들어 자기 몸에 못을 박는 원수인 아내의 죄를 대속하기 위해 실제로 죽어 주신, 이 여인의 남편과도 같은 분이 바로 예수님 아닙니까?

나의 감사 찾기

_____

_____

_____

_____

_____

하나님이 세상을 이처럼 사랑하사 독생자를 주셨으니 이는 그를 믿는 자마다 멸망하지 않고 영생을 얻게 하려 하심이라 (요한복음 3장 16절)

저 장미꽃
위에 이슬

예수님이 부른 '마리아야'란 이 한마디가,
마리아를 절대절망과 슬픔에서 절대희망과 기쁨으로 건져낸 것입니다.

독일에서 태어난 아담 가이벨은 부모와 함께 신앙의
자유를 찾아 미국으로 이민을 갔으나 여덟 살 때 심
한 안질을 앓아 실명하고 맙니다. 신앙으로 역경을 딛고 일어난
그는 타고난 음악적 재능과 노력으로 많은 찬송곡과 성가곡을 작
곡했으며, 가이벨 음악출판사를 운영하면서 종교음악에 큰 기여
를 했습니다.

하지만 그에게 또 한 번의 비극이 찾아왔습니다. 그의 사랑하
는 무남독녀와 결혼한 지 얼마 되지 않은 사위가 폭발 사고로 목
숨을 잃었습니다. 독실한 크리스천으로 누구보다도 장래가 촉망
되는 젊은이였기에 그의 슬픔은 더욱 컸습니다.

가이벨은 하나님의 뜻에 대한 의심을 하게 되었습니다. 그는 위

안을 얻고자 가장 친한 동료인 오스틴 마일즈를 찾아갔습니다. 그리고 찬송시를 부탁하며 이렇게 말합니다.

"매절마다 부드러운 감정이 깃들고, 소망을 잃은 자에게 소망을 주며, 고달픈 자에게는 쉼을 줄 수 있고, 생의 마지막 순간에 침상에 누워 있는 자에게는 부드러운 베개와 같은 노래가 되었으면 좋겠네."

이날 마일즈는 요한복음 20장을 읽게 되었습니다. 그 말씀 속에서 큰 영감을 받았습니다. 그리고 찬송시를 써 내려갔습니다. 거기에 아름다운 곡을 붙였습니다. 이 곡이 바로 '저 장미꽃 위에 이슬'입니다.

> "저 장미꽃 위에 이슬 아직 맺혀 있는 그때에
> 귀에 은은히 소리 들리니 주 음성 분명하다
> 주님 나와 동행을 하면서 나를 친구 삼으셨네
> 우리 서로 받은 그 기쁨은 알 사람이 없도다……"

마일즈는 이렇게 말했습니다.

"나는 역사상 가장 위대한 아침에 대한 이야기를 읽었습니다."

그가 읽은 '위대한 아침'의 이야기는, 바로 요한복음 20장의 한 동산에서 이루어진 사건입니다.

안식 후 첫날 일찍이 아직 어두울 때입니다. 예수님의 텅 빈 무덤 밖에 서서 마리아가 하염없이 울고 있었습니다. 이때 마리아는 예수님의 음성을 듣습니다. 마리아는 그가 동산지기인 줄 알지요. 그러나 예수님이 다시 '마리아'라고 부르셨을 때, 비로소 그가 예수님이심을 알게 됩니다. 어쩌면 흐르는 눈물로 인해 마리아는 예수님의 모습을 분별하지 못했을지 모릅니다. 예수님이 부른 '마리아야'란 이 한마디가, 마리아를 절대절망과 슬픔에서 절대희망과 기쁨으로 건져낸 것입니다.

절대절망에서 절대희망으로의 극적 변화가 일어난 동산입니다. 바로 요한복음 20장이 기록하고 있는 세상의 역사를 바꿔 버린 그 아침 동산에서의 순간인 것입니다. 그래서 오스틴 마일즈는 요한복음 20장을 '역사에서 가장 위대한 아침의 이야기'라고 고백한 것입니다.

이 찬송시의 영문 제목은 'Come to the garden alone'입니다. '나 홀로 동산에 왔다'라는 의미입니다. 무덤 밖에서 울고 있던 마리아는 예수님의 음성을 들었습니다. 죽음의 슬픔을 부활의 기쁨으로 바꾼 목소리였습니다. 이른 아침 마리아가 예수님과 동산에서 나눈 그 기쁨을 알 사람은 없습니다. 나와 예수님만이 나눈 그 기쁨은 그 누구도 알 수 없는 것입니다.

마일즈는 당시의 일을 다음과 같이 회상했습니다.

"1912년 3월 어느 날이었습니다. 나는 사진기와 현상기구, 그리고 오르간이 있던 암실에 앉아서 내가 참으로 좋아하는 요한복음 20장을 읽었습니다. 예수님이 막달라 마리아를 만나시는 광경은 나를 매혹시키는 힘을 지니고 있었습니다. 나는 그 말씀을 읽을 때 나도 그 장면에 끼여 있는 것과 같은 생각이었고, 마리아가 주님 앞에 무릎 꿇고 '랍오니여!'라고 부르던 극적인 순간에 대한 말없는 증인이 되었습니다."

이 찬송은 1912년 세상에 처음 소개됐습니다. 당시 시적으로나 음악적으로 아름다움의 극치를 이룬다는 찬사를 받았습니다. '저 장미꽃 위에 이슬', '밤 깊도록 동산 안에' 등의 아름다운 시각적 어휘, '그 청아한 주의 음성', '귀에 쟁쟁하다' 등의 청각적 어휘로 시적 아름다움을 최상으로 끌어올리고 있습니다.

시인이자 찬송가 작사자인 조지 마테슨이 한 여인과 사랑에 빠졌습니다. 그런데 그가 실명의 위기에 처하게 되자 사랑하던 연인마저 떠나갔습니다. 마테슨은 다음과 같은 불후의 시를 남겼습니다.

"나의 하나님, 그 동안 나에게 있는 가시들에 대하여 감사하지 못했습니다. 나에게 있는 장미꽃들에 대하여는 수천 번 감사했지만, 가시들에 대하여는 한번도 감사하지 못했습니다. 내 십자가로 인하여 장차 받을 아름다운 상급은 바라보았으나 내게 있는 십자가가 현재의 나의 영광이 됨을 알지 못했습니다. 주여, 나를 가르쳐 주셔서 나에게 있는 가시들의 가치를 깨닫게 하소서. 내가 주님의 보좌까지 나아갈 수 있었던 것도 가시의 길을 통과하였기 때문이었음을 알게 하소서. 나의 눈물이 나의 영롱한 무지개를 만들었음을 내게 가르쳐 주시옵소서."

나의 감사 찾기

_____

_____

_____

_____

_____

_____

_____

감사함으로 그의 문에 들어가며 찬송함으로 그의 궁정에 들어가서 그에게 감사하며 그의 이름을 송축할지어다
(시편 100편 4절)

내 주여
뜻대로 행하시옵소서

이 찬송은 환난과 고난 속에서도 하나님의 뜻을 생각하여
그 모든 고통을 주님께 내어 놓고 의지하겠다는,
겸손한 신앙의 표현이 담겨 있습니다.

1704년 슈몰크 목사는 가톨릭과 프로테스탄트교회의
종교전쟁인 30년 전쟁의 고통으로 실의에 빠져 있
는 신자들을 열심히 심방하면서 돌보았습니다. 슈몰크 목사 부부
는 전쟁의 여파로 36개 마을의 교회들을 돌보아야 했으므로, 한
번 심방을 나가면 며칠씩 집을 비우기 일쑤였습니다. 그럴 때면
집에는 어린 아이들밖에 없었습니다.

　어느 날 심방을 마치고 며칠 만에 돌아와 보니, 화재로 집이 완
전히 불에 타 없어지고 연기만 내뿜고 있었습니다. 슈몰크 목사
는 열심히 두 아들을 찾았습니다. 열심히 불러 보았으나 대답이
없었습니다. 섬뜩한 생각이 들어서 잿더미를 헤치니 거기에 두 형
제가 서로를 꼭 껴안은 채, 불에 타 죽어 있었습니다. 한동안 정신

을 잃고 망연자실 하였으나, 곧 새까맣게 탄 두 아들 앞에 무릎을 꿇고 앉았습니다.

슈몰크 목사는 하나님께 울부짖었습니다. 그렇게 한참을 눈물로 울부짖다가, 결국 모든 것이 하나님의 뜻이란 생각이 들었습니다. 그는 조용히 기도하기 시작했습니다. 그 기도를 시로 옮겨 놓은 것이 바로 찬송가 '내 주여 뜻대로'입니다.

"내 주여 뜻대로 행하시옵소서 온 몸과 영혼을 다 주께 드리니
이 세상 고락 간 주 인도 하시고 날 주관하셔서 뜻대로 하소서

내 주여 뜻대로 행하시옵소서 큰 근심 중에도 낙심케 마소서
주님도 때로는 울기도 하셨네 날 주관하셔서 뜻대로 하소서

내 주여 뜻대로 행하시옵소서 내 모든 일들을 다 주께 맡기고
저 천성 향하여 고요히 가리니 살든지 죽든지 뜻대로 하소서"

슈몰크 목사가 활동했던 시대는 전쟁과 기근, 질병과 가난으로 얼룩진 고통스러운 시기였습니다. 유럽은 신교와 구교 간에 30년 종교전쟁(1618~1648년)으로 인해 엄청난 인명과 재산을 잃었습니다. 후에 잿더미 위에서 베스트팔렌 평화조약을 맺었지만, 신교와 구교의 대립은 조금도 누그러지지 않았습니다. 특히 유럽 여러 나라의 싸움터가 되었던 독일은 1,600만 명이었던 인구가 600만으

로 줄었고, 그들의 생활터전과 산업시설은 모두 잿더미로 변하고 말았습니다. 전쟁의 후유증으로 겨우 살아남은 사람들도 흑사병이 돌아서 고통 받고 죽어간 정말 암흑과도 같은 때였습니다.

슈몰크 목사가 시무하던 살레지아는 가장 치열했던 격전지 중의 하나였습니다. 전쟁이 끝난 후, 로마 가톨릭의 반개혁파 세력으로 인해, 그곳의 루터교회들은 모두 가톨릭교회로 돌아갔습니다. 그 넓은 지역에 단 하나, 바로 슈몰크 목사가 시무하는 곳만 루터교회로 허용이 되었습니다. 게다가 그 교회는 아무것도 없이 통나무 움막에 흙벽으로 지어진 건물뿐이었습니다. 더구나 가톨릭교회 신부의 승낙이 없이는 환자를 방문하는 일도, 또 장례식조차

치를 수가 없었습니다. 하지만 이런 어려움 속에서도 슈몰크 목사는 널리 36개 마을에 흩어져 있는 양들을 충실하게 돌보았습니다.

슈몰크 목사는 두 아들의 죽음 후에도 변함없이 혼신의 힘을 다하여 목회하다가, 1730년 어느 주일 과로로 쓰러졌습니다. 곧이어 뇌졸중으로 한 동안 자리에 누워 있어야 했습니다. 회복된 후에도 오른손과 발을 제대로 쓰지 못하게 되었습니다. 그 후에도 두 번이나 뇌졸중이 재발했습니다. 결국 백내장으로 실명하게 되었습니다. 그는 그런 중에도 몸을 지팡이에 의지해서 먼 길을 심방을 하러 다녔습니다. 그런 그의 심방에 성도들은 눈물을 흘리며 감격해했고, 열심히 교회에 출석해서 오히려 교회가 부흥했다고 합니다.

이 찬송은 환난과 고난 속에서도 하나님의 뜻을 생각하며 그 모든 고통을 주님께 내어 놓고 의지하겠다는, 겸손한 신앙의 표현이 담겨 있습니다.

쾌락은 사람을 지치게 하지만, 기쁨은 솟는 샘물처럼 힘을 줍니다.

쾌락으로 밤을 지새우면 몸과 마음이 상하지만, 기쁨으로 밤을 보내면 잠을 자지 않아도 먹지 않아도 에너지가 넘치게 됩니다.

나는 너에게, 너는 나에게 쾌락의 대상입니까? 아니면 기쁨의 대상입니까?

나의 감사 찾기

_____

_____

_____

_____

_____

_____

_____

_____

_____

_____

_____

낮에는 야훼께서 그의 인자하심을 베푸시고 밤에는 그의 찬송이 내게 있어 생명의 하나님께 기도하리로다

(시편 42편 8절)

내 주를 가까이
하게 함은

복음을 전하기 위해 타이타닉 호에 자진해서 승선한 사람이었습니다.
마지막 순간까지 침착하게 찬송가 '내 주를 가까이 하게 함은'을 연주하였습니다.
그리고 계속 소리쳤습니다.

1912년 4월 14일 대서양에서 침몰한 세계 최대의 호
화여객선 타이타닉호 사건 때, 정신없이 탈출하려
는 사람들의 몸부림 속에서 사람들이 불안해하지 않도록 연주
하던 연주자들의 말과 역할이 오랜 세월이 지난 지금까지 우리를
감동시키고 있습니다.

"이제 아무도 듣지 않으니 우리도 그만하고 갑시다."하며, 연주
를 마무리합니다. 그리고 각자의 행운을 빌면서 살 길을 찾아가
려 합니다.

그러나 한 사람만이 홀로남아 아수라장 같은 현장에서 '생존'을
위한 필사적인 대열에 끼이는 것을 포기하고, 바이올린을 다시 연
주하기 시작합니다.

"내 주를 가까이 하게함은 십자가 짐 같은 고생이나
내 일생 소원은 늘 찬송하면서 주께 더 나가기 원합니다

내 고생하는 것 옛 야곱이 돌베개 베고 잠 같습니다.
꿈에도 소원이 늘 찬송하면서 주께 더 나가기 원합니다

천성에 가는 길 험하여도 생명 길 되나니 은혜로다
천사 날 부르니 늘 찬송하면서 주께 더 나가기 원합니다

야곱이 잠깨어 일어난 후 돌단을 쌓은 것 본받아서
숨질 때 되도록 늘 찬송하면서 주께 더 나가기 원합니다."

바로 마지막을 준비하는 사람들의 영혼에 평안을 주는 곡을 연주하기 시작한 것입니다. 그러자 살길을 찾아 나서던 동료 악사들이 하나 둘 가던 발걸음을 돌려 그 마지막 연주에 동참하기로 합니다.

이 악사는 웰레스 하틀리라는 사람입니다. 복음을 전하기 위해 타이타닉 호에 자진해서 승선한 사람이었습니다. 마지막 순간까지 침착하게 찬송가 '내 주를 가까이 하게 함은'을 연주하였습니다. 그리고 계속 소리쳤습니다.

"예수 그리스도를 의지하세요! 예수가 소망입니다!! 예수가 희망입니다!!! 예수를 믿으십시오!!!!"

그로인해 1,635명의 승객들은 함께 이 노래를 부르며 물속으로

잠겨갔습니다. 마지막 순간에 위로와 소망을 가지면서 말입니다.

이 찬송은 미국인들이 가장 많이 애창하는 찬송곡입니다. 미국 존스타운 홍수 때에도 수백 명이 물속에 잠겨 수장되면서도 이 찬송을 불렀다고 합니다. 미국의 제25대 대통령 맥킨리도 평소에 이 찬송을 즐겨 불렀습니다. 그는 임종 때에도 이 곡을 부르면서 하늘나라로 떠났다고 합니다.

'내 주를 가까이 하게 함은'의 가사는 영국의 연극배우 사라 플라워 아담스가 작시한 시입니다. 그녀는 건강악화로 서른다섯 살 되던 1840년에 연극 무대에서 은퇴했습니다. 그리고 집에서 창세기 28장 10절~22절의 말씀을 읽던 중 야곱의 기사에 감동을 받아 지은 찬송시입니다.

여러분은 오늘 무엇으로 하나님을 찬양했습니까?

"야훼를 찬양하라!", 큰 소리로 이렇게 말해 본 적이 있습니까?

성 어거스틴은 '하나님의 도성(The City of God)' 에서 이렇게 말했습니다.

"고통이란 동일한 것입니다. 누구에게나 고통이 있지만, 고통을 당하는 사람은 동일하지 않습니다. 악한 사람은 고통 속에서 하나님을 비방하고 원망하고 모독합니다. 하지만 선한 사람은 고난을 통해서 하나님을 찾고, 하나님을 알고, 궁극에서는 하나님을 찬양하게 됩니다."

나의 감사 찾기 _____

_____

_____

_____

_____

_____

_____

_____

_____

_____

_____

_____

나는 항상 소망을 품고 주를 더욱더욱 찬송하리이다   (시편 71편 14절)

그 크신
하나님의 사랑

한 시각장애인 여성 성악가가 강단 앞으로 걸어 나와 아름다운 목소리로
특별찬양을 하기 시작했습니다. 참석자들의 가슴은 마구 뛰었습니다.

프 레드릭 레만(Frederick. M. Lehman) 목사는 시골교회
에서 목회를 하고 있었습니다. 그러나 아주 가난한
교회였기 때문에 거의 사례비를 받지 못해 가족의 생계비를 벌기
위해 치즈 공장이나 병원 등에서 닥치는 대로 일을 해야만 했습
니다.

당시에는 좋은 시를 발견하거나 감동적인 문구가 있으면, 이를
적어 집안 피아노나 선반 위에 놓는 관습이 있었는데, 레만 목사
의 부인도 그런 좋은 시를 수집해 남편의 점심 도시락 통에 적어
넣어 두곤 했습니다.

그날도 레만 목사가 점심시간이 되어 도시락 뚜껑을 열어 보니,
그 안에 아내가 적어준 시가 있었습니다.

"바다가 먹물이고 하늘이 두루마리라 할지라도
하나님의 사랑을 다 기록할 수 없으리니"

레만 목사는 그 시를 보고 깊은 감동을 받았습니다. 점심을 다 먹을 때쯤 이 시의 곡조가 이미 그의 머리에서 완성된 후였습니다. 레만 목사는 그날 밤 집에 돌아와 흥분된 마음으로 '그 크신 하나님의 사랑'이란 찬송시를 썼고, 곡을 붙였습니다. 그 찬송이 바로 '그 크신 하나님의 사랑'입니다.

"그 크신 하나님의 사랑 말로 다 형용 못하네
저 높고 높은 별을 넘어 이 낮고 낮은 땅 위에
죄 범한 영혼 구하려 그 아들 보내사
화목제물 삼으시고 죄 용서하셨네
하나님 크신 사랑은 측량 다 못하네
영원히 변치 않는 사랑 성도여 찬양하세 ……"

후에 레만 목사는 그의 저서 '하나님의 사랑'의 뒷이야기인 'History of the Song, The Love of God'에서 이렇게 말했습니다.

"아내가 준 도시락에는 기가 막히게 좋은 히브리 시가 있었습니다. 레몬상자에 걸터앉아 벽에 기대어, 몽당연필로 첫째 연과 둘째 연, 그리고 셋째 연을 운율에 맞춰 고친 것이 '그 크신 하나님의 사랑'입니다. 그 방은 환자가 죽어 나간 정신병원 병동이었습니다."

이 찬송이 널리 알려지게 된 계기가 있습니다. 1974년 스위스 로잔에서 세계 순회복음전도대회가 열렸습니다. 전세계 4,000여 명의 기독교 리더들이 모인 그곳에서 이틀째 되는 저녁예배에 한 시각장애인 여성 성악가가 강단 앞으로 걸어 나와 아름다운 목소리로 특별찬양을 하기 시작했습니다. 참석자들의 가슴은 마구 뛰었습니다. 하나님의 크신 사랑이 새삼 그와 같구나 하는 깨달음에서, 그리고 그 가수의 아름다운 목소리에서, 더구나 앞을 못 보는 시각장애인의 찬양을 통해 감동을 받은 것입니다.

바로 그 가수가 빌리 그래함 전도단의 찬양사역자이자 유명한 여성 성악가인 '킴 윅스'로, 한국인입니다. 6·25 한국전쟁 때 사고로 두 눈을 잃은 전쟁고아인 그녀는 홀트아동복지회를 통해 미국의 크리스천 가정으로 입양된 후 인디애나 주립대학과 오스트리아에서 성악을 전공해 성악가가 되었습니다. 그리고 빌리 그래함 목사와 함께 전도집회를 할 때마다 간증과 함께 찬양을 했습니다. 킴 윅스는 1981년 한국을 방문해 세종문화회관에서 찬양을 한 바 있습니다.

게르하르트가 11세 때에 독일 인구의 3분의 1이 죽는 무서운 30년 전쟁이 있었습니다. 그는 12세에 어머니를, 14세에는 아버지를 여의고 고아가 되었습니다. 고학을 하며 신학을 공부했는데, 14년 동안이나 학교를 다녀야 했습니다. 44세가 되어서야 결혼해서 자녀 다섯을 낳았는데, 흑사병으로 네 자녀가 죽습니다.

아홉 살 된 아이의 손목을 잡고 숲을 거닐면서, 그는 하나님을 찬양하는 시를 썼습니다.

"한없는 주님의 사랑은 사람의 생각으로 헤아릴 수 없네.
오 주님, 나의 마음을 당신 속에 짜넣어 주소서.
다른 아무것도 나를 지배하지 못하게
오직 주님께 나의 전부를 바치게 하소서.
나의 기쁨도 나의 보물도 오직 주님의 사랑 속에 붙잡혀,
차가움도 가시고 두려움도 가시고,
슬픔도 걱정도 그 사랑 속에 녹아졌네.
오 주님, 아무것도 욕망하지 않습니다.
아무것도 찾아 헤매지 않습니다. 오직 주님만이 내 가슴에 채워 주소서."

나의 감사 찾기

_____

_____

_____

_____

사랑은 여기 있으니 우리가 하나님을 사랑한 것이 아니요 오직 하나님이 우리를 사랑하사 우리 죄를 속하기 위하여 화목제물로 그 아들을 보내셨음이라
(요한1서 4장 10절)

감사⁺ 플러스
긍정⁺ 플러스

초판 1쇄 인쇄 2014년 11월 30일
발행 2014년 12월 5일

엮은이 이영훈
펴낸곳 아름다운동행
디자인 김윤경
손글씨 이정원
교정·교열 구난주
등록일 2006년 10월 2일 등록번호 제 22-2987호
주 소 서울시 서초구 효령로 304(서초동) 국제전자센터 1509호
전 화 02-3465-1520~2 **팩 스** 02-3465-1525
홈페이지 www.iwithjesus.com
ISBN 978-89-965289-82

환난 속에서

주님, 때때로 병들게 하심을 감사합니다.
인간의 약함을 깨닫게 해 주시기 때문입니다.

가끔 고독의 수렁에 내던져 주심을 감사합니다.
그것은 주님과 가까워지는 기회가 되기 때문입니다.

일이 계획대로 안 되게 들어주심도 감사합니다.
그래서 저의 교만을 깨닫게 됩니다.

아들딸이 걱정거리가 되게 하시고,
아내나 남편이 미워질 때도 있게 하시고,
부모와 형제가 짐으로 느껴질 때도 있게 하심을 감사합니다.
그것은 그 짐을 짐으로써 인간된 보람을 깨달을 수 있기 때문입니다.

먹고 사는데 힘겹게 하심을 감사합니다.
눈물로서 빵을 먹는 사람의 심정을 이해할 수 있기 때문입니다.

때로 허탈하고 허무하게 하심을 감사합니다.
영원에 접근할 수 있는 기회니까요.

불의와 허위가 득세하는 시대에 태어난 것도 감사합니다.
하나님의 의가 분명히 드러나기 때문입니다.

땀과 고난의 잔을 맛보게 하심을 감사합니다.
그래서 주님의 사랑을 깨닫기 때문입니다.

주님,
모든 일에 언제나 감사할 수 있는 마음을 주심을 감사합니다.

- 작자 미상